新世纪优秀人才支持计划资助
Supported by Program for New Century Excellent Talents in University

竞争法的基本范畴研究

JINGZHENGFA DE JIBEN FANCHOU YANJIU

李 彬◇著

知识产权出版社
全国百佳图书出版单位

图书在版编目（CIP）数据

竞争法的基本范畴研究/李彬著. —北京：知识产权出版社，2016.1
ISBN 978 - 7 - 5130 - 3945 - 1

Ⅰ. ①竞… Ⅱ. ①李… Ⅲ. ①反不正当竞争—经济法—研究—中国
Ⅳ. ①D922.294.4

中国版本图书馆 CIP 数据核字（2015）第 300339 号

内容提要

本书针对我国竞争法基本范畴研究的不深入、不系统现状，采用语义分析和比较分析的方法，对竞争法基本范畴体系的建构及分析进行了一些尝试。首先从总结、借鉴哲学范畴体系建构的方法与步骤入手，推导出法学范畴体系建构应遵循的基本方法，指出法学范畴要重点融合法学特色，考察法律实践，反映法律现象的本质。其次，提炼出竞争法的基本范畴：市场、竞争、垄断，并进一步分析这三者在竞争法基本范畴体系中的层次及关系。再次，比较研究法学、经济学及其他学科对他们的界定，并采纳、吸收其对竞争法有借鉴意义的合理部分，从竞争法的角度归纳和分析它们各自的定义、构成要件和基本分类；再通过考察相关的立法，进一步明确他们的内涵与外延。最后，作者对中国的竞争立法中范畴的确立提出了一些自己的想法和建议。该书有利于初学竞争法的读者更全面、深入地掌握竞争法的基本概念，且为中国的竞争立法和理论研究提供了一定依据。

责任编辑：蔡　虹　　　执行编辑：陈晶晶　　　责任出版：孙婷婷

竞争法的基本范畴研究

李　彬　著

出版发行：**知识产权出版社** 有限责任公司　　网　　址：http://www.ipph.cn
社　　址：北京市海淀区马甸南村 1 号　　　　天猫旗舰店：http://zscqcbs.tmall.com
责编电话：010 - 82000860 转 8391　　　　　责编邮箱：shiny-chjj@163.com
发行电话：010 - 82000860 转 8101/8102　　发行传真：010 - 82000893/82005070/82000270
印　　刷：北京中献拓方科技发展有限公司　　经　　销：各大网上书店、新华书店及相关专业书店
开　　本：880mm×1230mm 1/32　　　　　　印　　张：6.25
版　　次：2016 年 1 月第 1 版　　　　　　　印　　次：2016 年 1 月第 1 次印刷
字　　数：200 千字
ISBN 978 - 7 - 5130 - 3945 - 1　　　　　　定　　价：38.00 元

前　言

竞争法有不同的含义。狭义的竞争法仅指关于制止不正当的非法竞争行为的立法；中观意义上的竞争法包括反不正当竞争法和反垄断法；而广义的竞争法包括正当交易法、反不正当竞争法和反垄断法。现在有些国家的竞争立法呈现出把反不正当竞争法、反垄断法、消费者权益保护法等关涉竞争的法律融合为一体的趋势。① 本书则是从中观意义上来讨论竞争法的基本范畴。

一、问题的提出

中国的竞争法研究大多偏重于技术层面的探讨，对竞争法研究中的基础性问题——竞争法范畴的研究，多数是沿袭经济学的研究路径，简单利用、转换经济学的研究成果，再就是转述、介绍西方学者的观点，缺乏系统性、完整性和应有的深度。

---

① 赖源河. 公平交易法新论 ［M］. 北京：中国政法大学出版社，2002：23 - 27.

其主要表现在以下四个方面。

（一）在研究方法上，缺乏法学的研究视角，简单借用经济学的研究成果。对于竞争法的一些基本范畴，特别是经济学和竞争法学共有的范畴，许多学者只是简单借用经济学中的观点，并未做更多的探讨，甚至没有进行探寻经济学与竞争法学二者契合点的尝试。如市场，由于竞争法所关注的只是经济市场中的各种竞争行为，而政治或者其他领域中具有竞争的行为都不在竞争法的管制范围之列。所以，在竞争法中一般不对市场这个宽泛的概念进行具体的界定，大都是直接引用经济学中的概念，甚至也没有对经济学中的市场范畴进行仔细的分析比较，从而选择一个比较合理的观点。再如竞争，也有一些学者认为，"……法学上的竞争概念从根本上来说，与经济学上的竞争定义是一致的，"[①] 所以，并未对竞争做出任何法学上的界定与分析。

（二）缺乏对竞争法基本范畴的准确界定，没有厘清基本范畴与其他范畴之间的区别和联系。在有些学者的论文或著作以及相关部门的立法中，曾提出过许多竞争法的范畴，比如竞争、有效竞争、市场与相关市场、市场支配地位、特定市场、垄断、垄断行为、限制竞争、限制竞争行为、协议、决定和一致行动、企业兼并、不正当竞争行为、不正当竞争、企业、经营者，等等。这些都可以说是竞争法中的重要范畴，但并不是都能成为竞争法的基本范畴，它们之间存在着很多交叉、重叠甚至包含的关系。比如，有效竞争即属于竞争的范畴，不正当竞争是竞争的一种基本类型，它们只能作为竞争的子范畴而存在；企业

---

① 种明钊. 竞争法学 [M]. 北京：高等教育出版社，2002：5.

与经营者属于市场主体的范畴之列，它们都不能上升为基本范畴。而限制竞争与垄断和不正当竞争的内容相互交叉重叠，它们所包含的内容性质并不完全一致，可以将它分解到垄断与竞争这两个范畴之中。

（三）对竞争法基本范畴的内涵缺乏较为全面的深入研究。比如，有学者认为垄断的复杂性几乎使定义它变得不可能。其实，克服困难为垄断硬下定义并非绝对不可能，而属不必要。研究垄断这个范畴，并非必须回答"它是什么？"，而应该回答"什么是它？"[①] 这就抛弃了对范畴内涵的研究，只把目光放在了范畴的外延上。

（四）尚未系统地分析竞争法各个基本范畴之间的关系。一门学科中的每个范畴都不是孤立的，它们之间互相联系，彼此协调，具有一种可以互相推演的性质，所以能够形成密不可分的整体。事实上，在现有的成果中很少有人关注各个范畴之间的关系，往往会忽略它们之间由此及彼、互相推演的紧密联系，不能分清它们之间的主次与本末，因而难以形成竞争法自身严谨的范畴体系。

因此，本书希望能发挥作者自身的法学优势，并结合哲学、经济学、社会学、政治学和伦理学这些相邻学科的前沿成果，主要从法学的视角对竞争法的基本范畴做理论层面的分析。

二、研究思路与方法

本书的研究思路与方法大致如下：

---

① 曹士兵. 反垄断法研究 ［M］. 北京：法律出版社，1996：84.

（一）本书将从哲学的角度探讨范畴的释义及如何建构基本范畴体系，并推导出法学范畴体系的建构方法。

（二）根据前述方法，初步将竞争法的基本范畴提炼为市场、竞争、垄断。然后，分析这三者之间的有机联系，构建出一个层次分明、结构严谨的范畴体系。

（三）比较研究法学、经济学及其他学科对它们的界定，并采纳吸收其中对竞争法具有借鉴意义的合理部分，然后从竞争法的角度归纳和分析出它们各自的定义、构成要件、分类等。再通过考察相关的立法，进一步明确它们的内涵与外延。

（四）本书将采用语义分析与比较分析的基本研究方法。语义分析方法来源于语言学哲学，即语义分析哲学。这是一种通过分析语言的要素、结构、语源、语境，而澄清语义混乱，求得真知的逻辑实证方法。20 世纪 50 年代初，英国牛津大学法理学教授 H. L. A. 哈特就把它引入法学研究，并创立了语义分析法学。他认为几乎每一个法律、法学的词语都没有确定的、一成不变的意义，而是依其被使用的语境（环境、条件和方式）具有多重意义，只有弄清这些语境，才能确定它们的意义。以忽略具体案件的复杂情况为代价，去保证法律的确定性和可预测性的做法是盲目的。① 所以，本书在分析研究竞争法基本范畴时，不仅要考察这些范畴在其他学科或语境中的含义，最重要的是要着眼于竞争法，把这些范畴纳入竞争法的背景中进行界定。此外，各门学科范畴之间的联系，特别是经济学与竞争法

---

① 哈特. 法律的概念［M］. 张文显，等译. 北京：中国大百科全书出版社，1996：129.

学之间范畴的交叉共用，使得比较分析的方法在研究中同样具有相当重要的作用。具体而言，本书的比较主要从以下三个方面进行：一是不同学科对同一范畴的理解与界定的比较，指出其他学科对竞争法的影响及竞争法应如何借鉴其他学科的成果；二是同一学科中不同观点的比较，分析、归纳出更加合理的观点；三是中外竞争法的比较，以期得到一些可供借鉴的经验和总结出一些具有中国特色的东西。

三、研究的意义

客观地说，经济法现在还是一门正在走向成熟的学科，对基本范畴问题的研究需要进一步深入；而作为其重要单行法的竞争法中的范畴研究也是如此，也还不够完整和系统。但是任何一门科学成熟的标志，总是表现为将已经取得的理性知识成果——概念、范畴、定律和原理系统化，构成一个科学理论体系。而且，只有将竞争法中的基本范畴界定得清晰、准确，才能明确竞争法的目的、调整范围和对象，增加竞争法的稳定性和适用性，为竞争立法起到一个基础性作用。所以，研究与分析竞争法的基本范畴，无论是对竞争立法还是整个竞争法学的成熟与发展都具有积极的意义。

目　录

第一章　竞争法基本范畴的确立

第一节　范畴的释义及范畴体系的建构

一、范畴的释义

范畴（Category）一词，源于希腊文 Kategotia，原意为指示、证明等，由于范畴作为哲学和科学的基本概念，即外延最广的概念，既有"洪"大之意，又有各成其类之意，故译其为"范畴"。① 汉译乃取自《尚书·洪范》篇"洪范九畴"一语。② 对于范畴，我们有必要根据它自身的含义、历史的发展及其与概念、观念之间的比较对其进行整体的认识。

首先，从范畴的哲学含义来看，范畴是人们对客观世界进行高度概括的思维形式，是反映客观世界最一般、最本质的联系和关系的基本逻辑概念，也是人们认识世界的一些小的阶段。

① 彭漪涟. 逻辑范畴论——马克思主义哲学关于逻辑范畴的理论 [M]. 上海：华东师范大学出版社，2000：1.
② 张岱年. 中国哲学史方法论发凡 [M]. 北京：中华书局，2003：46.

简单地说，范畴就是人们用来反映、概括和把握客观世界时所使用的最普遍的本质概念。① 列宁指出："逻辑的范畴是'外部存在和活动的''无数''局部性'的简化"，"这些范畴反过来又在实践中""为人们服务"。② 列宁这段话，从辩证唯物主义的高度给范畴下了一个精练的定义，指出了范畴既是人类对客观世界认识的结晶，又是认识的思维工具。人们要靠范畴来认识自然和把握自然。具体来说，范畴乃是哲学和科学中的基本概念，其在哲学和各门科学中具有最广泛的概括性与适用性，因而能成为哲学和各门科学体系概念结构骨干的那些概念。也就是说，哲学和各门科学体系作为一个有其内在结构的概念体系，其骨干就是由一些统率和联结其余概念的基本概念，即范畴所组成的。

从历史的角度看，自然界是一个历史发展的过程，人类对自然界的认识也是一个历史发展的过程。总是由个别到特殊再到一般，是一个由此及彼、由表及里、由深入浅、由低级到高级的过程。作为基本逻辑概念的范畴，既是人类认识的结晶，又是认识的武器。所以，认识的片段和结晶即范畴，也有它本身发展的历史。

随着古代哲学的产生，范畴也就产生了。古代的希腊和中国，用朴素的唯物主义和辩证法从总体上认识自然，提出了水、火、土、气、原子、以太、五行等范畴，亚里士多德在总结概

---

① 沈小峰，王德胜. 自然辩证法范畴论［M］. 北京：北京师范大学出版社，1990：1.

② 列宁. 列宁全集（第38卷）［M］. 中共中央马克思恩格斯列宁斯大林编译局，编译. 北京：人民出版社，1963：86–87.

括前人对范畴研究的基础上，在他的名著《范畴篇》中对范畴理论进行了深入的研究，他认为有 10 个基本范畴：本质、性质、数量、关系、地点、时间、姿态、领有、活动和痛苦。① 他是人类思想史上第一个系统地研究范畴的人。

在范畴论的发展史中，影响最大也最系统的是德国古典哲学范畴。在德国古典哲学范畴中，又以康德、黑格尔的范畴最为完整。康德认为范畴是思维的先验形式或先天形式，包括"量：单一性、复多性、全体性；质：实在性、否定性、限制性；关系：实体与属性、原因与结果、联系；样式：可能性与不可能性、存在与非存在、必然性与偶然性"②。黑格尔则认为范畴是表示存在的基本方式，是具有独立本质的、绝对观念的形式。他的范畴包括存在论、本质论与概念论三个体系，每个体系又分为几个部分，质、度、量构成了存在论，本质、现象、现实构成本质论，主观概念、客体、观念构成了概念论。③ 特别是黑格尔的唯心主义范畴体系，集范畴学说之大成，对后来的哲学发展有着极为深远的影响。

到 19 世纪后半叶，经过马克思和恩格斯的共同努力，在批判形而上学范畴论的基础上，批判地吸收了辩证法派范畴论的思想资料，总结了自然科学和哲学的积极成果，创立了辩证唯

---

① 亚里士多德. 亚里士多德全集（第 1 卷）［M］. 苗力田，等译. 北京：中国人民大学出版社，1990：5.

② 康德. 纯粹理性批判［M］. 韦卓民，译. 武汉：华中师范大学出版社，1991：67.

③ 列宁. 哲学笔记［M］. 中共中央马克思恩格斯列宁斯大林编译局，编译. 北京：人民出版社，1974：354－355.

物主义和历史唯物主义的范畴体系。它包括自然辩证法、历史唯物主义、思维辩证法三部分。这三部分的范畴构成了辩证唯物主义的三大支柱。它们互相渗透、互相联系，形成一个完整的体系。

从比较的角度看，范畴、观念、概念这三者之间既有联系又有区别。概念是对客观事物的类型、本质和规律的反映。列宁指出："认识是人对自然界的反映。但是，这并不是简单的、直接的、完全的反映，而是一系列的抽象过程，即概念、规律等的构成、形成过程。这些概念和规律等有条件地近似地把握着永恒运动着的和发展着的自然界的普遍规律性。"① 中国古代也讲名实关系。一般来说，"名"即概念，"实"即客观存在的事物。所以，概念反映客观事物，概括一类事物的共同性，表示事物的规律。

观念与概念有所区别。观念不一定是概念。有些观念是概念，有些观念不是概念。观念是由观察事物而有的思想，不一定表示事物的类，而可以表示某一事物。例如，古代哲学中所谓的"一""太一""太极"，可以说是观念，不能说是概念。又有虚构的观念，如上帝、绝对精神，都是虚构的观念。

范畴是基本概念，是关于世界事物的基本类型的概念。对于范畴，亚里士多德认为范畴是表示存在的基本方式，这基本上属于唯物主义的观点；康德认为范畴是悟性的先验格式，这是唯心主义的观点。我们现在所谓的范畴，即指基本概念而

---

① 列宁. 列宁全集（第38卷）[M]. 中共中央马克思恩格斯列宁斯大林编译局，编译. 北京：人民出版社，1963：194.

言。① 而基本范畴则是以所研究领域内客观存在的总体现象为背景，对其中的基本对象的本质和关系进行高度抽象和概括的基本概念。

二、范畴体系建构的哲学方法

具体范畴总是与其他范畴一起构成有机联系的范畴体系，每一个具体范畴都是范畴体系中的一个方面或一个环节，同时每一个具体范畴自身又总是展开为一个体系。

从辩证唯物主义来看，范畴大体可分为三个层次：第一个层次的范畴是一般的哲学范畴，这是最高层次的范畴；第二个层次的范畴是历史唯物主义、辩证逻辑和自然辩证法的范畴；各门具体科学的范畴，属于第三个层次。以上三个层次的范畴是互相联系、互相渗透、互相转化的，而不是彼此割裂的。高层次的范畴以低层次的范畴为基础，低层次的范畴为高层次的范畴提供了思想材料。在研究高层次的范畴时，要涉及低层次范畴的具体内容；在研究低层次的范畴时，要以高层次的范畴为指南。

不仅整个辩证唯物主义哲学有着自己层级分明、结构严谨的范畴体系，而且"任何一门科学成熟的标志，总是表现为将已经取得的理性知识的成果——概念、范畴、定律和原理系统化，构成一个科学理论体系"②。由此可见，建构范畴体系是一门科学走向成熟的必由之路。所以，范畴体系的建构对于任何

---

① 张岱年. 中国哲学史方法论发凡 [M]. 北京：中华书局，2003：47.
② 彭漪涟. 概念论——辩证逻辑的概念理论 [M]. 北京：学林出版社，1991：2.

层次的范畴都是十分重要的。

在哲学史上，亚里士多德、康德、黑格尔等哲学家曾经有过构建逻辑范畴体系的不同尝试，为后人提供了可资借鉴的重要思想资料。若根据马克思在《资本论》中建构范畴体系的经验来建立范畴体系，首先，应当坚持历史、逻辑、理论三统一的原则。范畴的发展史体现了人类整个认识的历史。其次，应当坚持概念范畴体系与客观辩证法的一致性。现实诸现象之间的互相联系、互相依存、互相转化是建构范畴体系中各个范畴之间互相联系、互相依存、互相转化的依据和出发点。除此之外，建构范畴体系时，范畴的顺序安排应当遵循由现象到本质、由初级本质到更深层的本质，由简单到复杂、由抽象到具体的原则。①

借鉴参考以上学者的观点，笔者认为，要建构一个科学的范畴体系，无论是最高层次的哲学范畴、前述第三层次各门具体科学的范畴，还是一门学科中不同类型的范畴，其科学的范畴体系建构都应基本遵循以下步骤与方法。

（一）认真考察所研究范围内的客观事实，抽取出反映客观现实的范畴。科学的范畴来源于现实世界，因此它要和客观相一致。科学的范畴体系是客观世界体系的反映，所以二者也应该一致，而不能相互矛盾。科学的范畴还反映了客观逻辑和主观逻辑的统一。

（二）抽象表面现象之下的事物本质属性，提取具有稳定性

---

① 张文显. 法哲学范畴研究［M］. 修订版. 北京：中国政法大学出版社，2001：9.

与概括性的范畴。本质也就是事物存在及其变化发展的内在根据和原因，当然具有很强的稳定性。而哲学范畴和科学范畴都是它们各自领域中对象的本质和关系的抽象和最高概括，在范畴中所凝结和体现的，是物的本质，即最本质的属性（性质和关系）。① 因而，范畴理应具有稳定性。而且，范畴是对本质和关系的抽象和最高概括，具有很强的概括性。如果说一门学科的全部概念和范畴的总和反映了这门学科的全貌，那么它的范畴则是其主要枝干，既能反映这门学科的本质，又能统率和联结其余概念。

（三）分析各个范畴之间的联系与主次，按照不同标准对范畴进行分类，构建结构严谨、层次分明的范畴体系。每个范畴都不是孤立的，而是范畴网络结构中的一个纽结。每一门学科的范畴都是互相联系的，彼此应互相协调，所表达的思想和理念不能互相矛盾，而且具有一种可以互相推演的性质与本末主次之分，所以能够形成一个密不可分的整体。同时，一门学科的范畴系统还会和其他学科的范畴体系相联系，甚至会互相影响和共用。此外，分类与系统化也是密切相关的。"分类……是知识或活动的某一领域的各种并列从属概念（对象种类）的体系，它经常表现为形式不同的示意图（表格），并用来作为确定这些概念或对象种类之间的联系以及帮助理解各种概念或相应对象的手段。"② 按照不同标准分类的范畴构成了整个范畴体系

---

① 彭漪涟. 概念论——辩证逻辑的概念理论 [M]. 北京：学林出版社，1991：3.

② [苏] 格拉日丹尼科夫. 哲学范畴系统化的方法 [M]. 曹一键，译. 北京：中国人民大学出版社，1988：1.

的各个层次与部分。

（四）考虑范畴的流动性，范畴是历史的产物，并处于不断发展中，范畴体系的建构要留有发展的空间。低层次的范畴经过提高，可以上升为高层次的范畴。例如，法律行为原是德国民法学家的创设，中国法学家们从区分合法行为与非法行为入手，认为法律行为只能是合法行为，而不能是非法行为。由此，民事行为作为二者的上位概念得到确立并被民法通则所认可。同样，高层次的范畴也可能下降为低层次的范畴。此外，随着人类认识的发展，范畴的内涵和外延不断改变，有的范畴要赋予新的内容，同时还会产生新范畴，而有的范畴则会被淘汰。所以，范畴是流动的、发展的，在一定的条件下可以向对立面转化，同时，它的内容又是相对稳定的。

三、怎样建构法学范畴体系

范畴研究也是法学研究的理论基石，"没有概念，我们便无法将我们对法律的思考转变为语言，也无法以一种易懂明了的方式将这些思考传达给他人[①]"。法学范畴体系的建构是在哲学范畴体系建构方法的基础之上建立的。在这方面，许多法学家都进行了有益的尝试。

如张文显就从不同的角度对法学范畴进行了分类和研究，并建构了完整的体系。他认为，从范畴的类型看，法学范畴体系由法的本体论范畴、进化论范畴、运行论范畴、主体论范畴、

---

① ［美］E. 博登海默. 法理学——法哲学及其方法 ［M］. 邓正来，译. 北京：中国政法出版社，1999：464.

客体论范畴、价值论范畴六类范畴构成；从范畴的层次看，在法学范畴体系内部，由于各个范畴反映法律现象的深度、广度以及科学抽象化程度的差别，亦即由于范畴所包容的知识量和结构量的差别，可以划分为普通范畴、基本范畴、中心范畴和基石范畴等不同层次。①

再如，谢晖在《法学范畴的矛盾辨思》一书中对法律本质与法律现象、法律创制与法律运行、法律形式与法律价值、法律规范与法律事实、法律权利与法律义务、法律权力与法律责任、法律调整与法律秩序、法律继承与法律发展、法律主体与法律客体、法律实体与法律程序等多对法学中的重要范畴的矛盾关系进行了"相当个人化和个性化的思考与努力"②。

在经济法部门，如单飞跃在《经济法理念与范畴的解析》中指出：经济法应当有自己的精神境界与思维空间，应当有自己的逻辑起点和思想基础，应当有自己的概念范畴与话语体系。③ 所以，他对经济法的法经济学范畴、法主体范畴、法权利范畴、法价值范畴的内涵与外延都进行了深入的探讨和研究。

从这些学者建构的范畴体系和研究分析可以看出，法学范畴体系建构也应基本遵循哲学范畴体系建构的方法，并在这个总的指导方法下，融合并体现法学的特色。

_____

① 张文显. 法哲学范畴研究 [M]. 修订版. 北京：中国政法大学出版社，2001：13 - 15.

② 谢晖. 法学范畴的矛盾辨思 [M]. 济南：山东人民出版社，1999：605.

③ 单飞跃. 经济法理念与范畴的解析 [M]. 北京：中国检察出版社，2002：2.

（一）法学的范畴体系是由法律实践所决定的，具有客观性。

各种法律主体在法律活动中实施的各种法律行为而形成的权利、义务关系构成了整个法律实践。德沃金认为"作为整体的法律是对法律实践进行的全面解释"①。因而，以上学者所建构的范畴体系都包括了主体、行为、权利与义务等，也都反映了在法律实践中客观存在的各种对象与关系。所以，法律实践决定着范畴的内容、数量及其内部构成要素，也决定着范畴体系的结构。

（二）法学范畴必须反映法学领域内对象的本质和关系，并具有稳定性和高度的概括性。

各种范畴都是对所反映对象的本质和关系的抽象和概括，只是程度有所不同而已。张文显就指出：普通范畴是对法律现象的某个具体侧面、某种具体联系、某一具体过程的比较简单的抽象，属于初级范畴；基本范畴是以法律现象的总体为背景，对法律现象的基本环节、基本过程或初级本质的抽象，属于法学理论的基本概念②，具有较强的稳定性和高度的概括性。如"夫妻关系""刑事法律关系""侵权赔偿法律关系"等属于普通范畴，是对依法享有权利和承担义务的人之间权利、义务关系的分类概括和初级抽象；而"法律关系"则是一个基本范畴，是对依法具有权利和义务资格的各种主体之间的所有权利和义务关系的共同概括和高级抽象，既可以清除不合时宜的旧范畴，

---

① ［美］德沃金. 法律帝国［M］. 李常青，译. 北京：中国大百科全书出版社，1996：202.

② 张文显. 法哲学范畴研究［M］. 修订版. 北京：中国政法大学出版社，2001：15.

又可以吸纳新的范畴，与普通范畴相比具有更强的稳定性。

（三）法学范畴同样具有系统性。

法学范畴体系是由不同部门、不同类型、不同层次的范畴所构成的。张文显从范畴的类型、层次角度对法学范畴进行了划分，从而形成了一个层次分明的体系。从范畴的层次看，在法学范畴体系内部，由于各个范畴反映法律现象的深度、广度以及科学抽象化程度的差别，亦即由于范畴所包容的知识量和结构量的差别，可以划分为普通范畴、基本范畴等各个层次的范畴。谢晖对法学的各种范畴之间复杂的矛盾关系进行了深入分析。从中可以看出法学范畴之间互相联系、互相协调的密切关系。

（四）法学范畴最终是由社会的发展阶段和发展程度决定的，具有历史性，并处于不断变化发展中。

历史上，与人类社会的发展相适应，法学范畴从贫乏到丰富，范畴体系也从简单到复杂不断进化。比如，在人类刚刚迈进文明社会时期，法律调整机制还没有与习惯、宗教、道德调整机制分化，法律规则没有与法律意识、法律关系、法律行为分离，很难产生出独立的法学范畴。因此，法学的范畴体系是由法律实践决定的，但最终由社会的发展阶段和发展程度决定。对于范畴，"不能把它们限定在僵硬的定义中，而是要在它们的历史和逻辑的形成过程中加以阐明"①。每个历史时期法学的范畴体系都会反映自己所处时代的特色，所以，对于范畴体系要用发展的眼光去看待。

---

① 马克思，恩格斯. 马克思恩格斯全集（第 25 卷）［M］. 中共中央马克思恩格斯列宁斯大林著作编译局，编译. 人民出版社，1974：17.

第二节 竞争法基本范畴的选择

一、可供选择的竞争法范畴类别

在各个国家的法律文献及国际经济立法中，竞争立法具有各种各样的不同名称，可以说是让人眼花缭乱。常见的有"反垄断法""反限制竞争法""反不正当竞争法""反托拉斯法""卡特尔法""禁止垄断和限制竞争法"，以及"公平交易法"等。相对于此，这种称谓的不一致性还体现在竞争法中的一些基本概念上，如常见的有"垄断""独占""寡占""托拉斯""卡特尔""垄断协议""合谋""限制性商业惯例""不公正交易方法""不正当竞争""不正当的贸易作法"等。这种名称和概念繁杂的现象源于竞争法调整对象的广泛性和复杂性，也由于各国社会制度、基本国情、法律文化传统、制定竞争法的国际环境、立法时间、立法侧重点的差异。

比如在美国，竞争立法源于托拉斯现象。托拉斯（Trust）是垄断组织的一种形式。从 19 世纪 80 年代中期开始，托拉斯在美国开始出现，并因其具有稳定性、长期性的优势，而在美国非常流行，最终使美国成为托拉斯之国。当时的托拉斯是由许多生产同类产品的企业或是由生产上有密切联系的一些企业相互联合而组成的庞大垄断企业组织。托拉斯组织滥用经济优势、排挤中小企业的行为，又造成了对竞争的严重限制和破坏，进而侵蚀了自由。经济上的过度集中又往往导致政治民主的异化，而这与美国的立国之本格格不入。于是，美国政府开始对垄断开战，竞争立法的规制对象主要就是托拉斯行为，竞争法的名称也自然被称为"反托拉斯法"。所以，托拉斯也就成了美国竞争法的基本范畴。

而德国则是卡特尔盛行、发达的国家，竞争立法源于卡特尔现象的发展。卡特尔（Cartel）也是垄断组织的一种形式，其实质内容是本来具有竞争关系的企业之间，以协议的形式来限定商品的销售价格、产量限额或销售地区等，从而限制或排除竞争。在两次世界大战期间，卡特尔都是德国政府组织经济、支持战争的重要手段。这导致19世纪末至20世纪中期德国各行业的卡特尔化相当严重，限制卡特尔行为也就成了德国竞争立法中反垄断和限制竞争部分的核心内容，所以，德国这部分立法便被统称为"卡特尔法"。虽然1957年法典的正式名称被改为"反对限制竞争法"，但人们仍习惯地称其为卡特尔法，把卡特尔看作竞争法的基本范畴。

日本的竞争立法在"二战"前参考了德国的竞争法，"二战"结束后，其竞争立法较多地体现了美国竞争法的影响。日本的竞争立法以《关于禁止私人垄断和确保公平交易的法律》为主导，建立了比较完整的体系。1934年为参加《保护工业产权巴黎公约》而制定的《不正当竞争防止法》是日本现代第一个竞争立法。第二次世界大战结束以后，日本在美军的占领下推行经济民主化政策，解散了三菱、三井、住友和安田四大财阀，并仿照美国的反托拉斯法于1947年颁布了《关于禁止私人垄断和确保公平交易的法律》。该法在1949年、1953年、1977年、1991年、1996年、2005年经过6次较大的修改，一直是日本竞争法的核心。日本的反垄断法是以反私人垄断为代表。

目前，我国一些学者也开始关注竞争法范畴的问题。种明钊在《竞争法学》中对竞争、不正当竞争、垄断进行了界定；刘剑文、崔正军主编的《竞争法要论》一书把垄断行为、限制竞争行为、不正当竞争行为作为竞争法的基本范畴；曹士兵在《反垄断法研究》中探讨了垄断控制制度的范畴和划分，认为垄断、市场支配地位、相关市场为垄断控制制度的基石范畴；王晓晔在《欧共体竞争法》里界定欧共体竞争法的基本范畴为企业、竞争、有效竞争、限制竞争及市场与相关市场；许光耀在其著作《欧共体竞争法研究》中详细界定了企业、协议、决定和一致行动、支配地位、企业兼并等基本概念；还有一些学者分别对竞争法的某些范畴进行了研究，比如王艳林在其论文《垄断的确立及其方法》中也对垄断的范畴进行了详细的界定与分析。

此外，中国竞争立法的过程也体现了对竞争法范畴的特别关注。如《中华人民共和国反垄断法》第十二条、十三条、十七条分别对经营者、相关市场、垄断协议市场支配地位等概念进行了明确的界定。具体内容如下：

第十二条　本法所称经营者，是指从事商品生产、经营或者提供服务的自然人、法人和其他组织。

本法所称相关市场，是指经营者在一定时期内就特定商品或者服务（以下统称商品）进行竞争的商品范围和地域范围。

第十三条　禁止具有竞争关系的经营者达成下列垄断协议：

（一）固定或者变更商品价格；

（二）限制商品的生产数量或者销售数量；

（三）分割销售市场或者原材料采购市场；

（四）限制购买新技术、新设备或者限制开发新技术、新产品；

（五）联合抵制交易；

（六）国务院反垄断执法机构认定的其他垄断协议。

本法所称垄断协议，是指排除、限制竞争的协议、决定或者其他协同行为。

第十七条　禁止具有市场支配地位的经营者从事下列滥用市场支配地位的行为：

（一）以不公平的高价销售商品或者以不公平的低价购买商品；

（二）没有正当理由，以低于成本的价格销售商品；

（三）没有正当理由，拒绝与交易相对人进行交易；

（四）没有正当理由，限定交易相对人只能与其进行交易或者只能与其指定的经营者进行交易；

（五）没有正当理由搭售商品，或者在交易时附加其他不合理的交易条件；

（六）没有正当理由，对条件相同的交易相对人在交易价格等交易条件上实行差别待遇；

（七）国务院反垄断执法机构认定的其他滥用市场支配地位的行为。

本法所称市场支配地位，是指经营者在相关市场内具有能够控制商品价格、数量或者其他交易条件，或者能够阻碍、影响其他经营者进入相关市场能力的市场地位。

二、市场、竞争、垄断是竞争法的基本范畴

在竞争法的诸多范畴之中，本书认为"市场""竞争""垄断"这三个范畴应为竞争法的基本范畴。因为，竞争法是指以市场竞争关系和市场管理关系为调整对象，以保护公平竞争为主旨，以反垄断法和反不正当竞争法为核心内容的竞争实体性法律规范与竞争管理程序性法律规范的总和。[①] 从这个定义看，"市场""竞争""垄断"这三个范畴既反映了对竞争法领域内客观存在的基本对象的本质和关系，又具有高度的抽象性和概括性。具体来说：

第一，市场是对竞争法基础的反映、概括及抽象。首先，没有市场，竞争不会存在，竞争法也不会存在，所以市场是竞争法产生的前提和基础，是竞争法的基础范畴。其次，竞争法的调整对象，不论是市场竞争关系，还是市场管理关系，都在市场的框架之内。再次，竞争法追求的目标——正当、公平的竞争，规制的对象——不正当竞争和垄断都必须以市场为背景，脱离市场的竞争或垄断都不是竞争法所关注的。而且，从静态的"市场"范畴来看，它不仅包含了企业、经营者等主体范畴，还包含了商品、资本等客体范畴，且其都是市场完成交换、实现资源配置不可或缺的要件；从动态的"市场"范畴来看，虽然"完全竞争市场""垄断市场""不完全竞争市场"等竞争法理论中重点考察的范畴的表现形式或类型各异，但其都具有市场的交换本质。所以，市场不仅能涵盖企业、商品等范畴，还

---

① 种明钊. 竞争法学 [M]. 北京：高等教育出版社，2002：16.

是对各种不同市场类型交换本质的高度抽象和概括。

第二，竞争则是整个竞争法的核心。竞争法意义上的竞争是市场的必然产物，既包括正当、公平的竞争，又包括不正当竞争。竞争法以保护公平竞争为主旨，又以不正当竞争为规制对象。竞争集竞争法追求目标与规制对象于一身，是一个矛盾的共同体。竞争法的基本组成部分——反垄断法和反不正当竞争法，目的就是消除竞争不足和竞争过火，都是围绕竞争而展开的。所以，竞争在竞争法中居于核心地位。此外，"竞争"范畴抽象和概括了"潜在竞争""价格竞争""不正当竞争"等范畴的本质特征，即对抗性和追求利益最大化；而且，"竞争"在保证基本范畴稳定性的同时，又考虑了范畴的流动性。它既能吸纳新的范畴，又能剔除过时或不适合的范畴，前者如"潜在竞争"，后者如"完全竞争"。

第三，垄断作为竞争的对立面，是竞争法规制的核心内容之一。垄断总是与竞争相伴而生，自由竞争的必然后果就是走向垄断。而垄断一方面是规模经济的反映，另一方面又具有破坏市场的竞争秩序、限制甚至消除竞争的固有特性，这与竞争法追求的自由、公平竞争的目标是相悖的，因此成了竞争法规制的核心内容。"独占""寡占""托拉斯""卡特尔""垄断协议""合谋"等，因为具有限制、排斥竞争的本质特征，所以都属于"垄断"的不同表现形式。

第四，这三个范畴有着紧密的联系，并且层次分明。首先，市场是竞争法产生的前提和发生作用的领域，影响和贯彻竞争法的始终，并且是其他范畴产生的基础，且竞争和垄断都产生和存在于市场之中，所以市场属于第一位阶的基本范畴。其次，有市场就有竞争，竞争是市场经济的灵魂，维持着市场机制的运转，它包括正当竞争与不正当竞争。正当竞争是竞争法保护的对象，而不正当竞争则是竞争法所要严厉打击与制止的，所以竞争属于第二位阶的基本范畴。再次，垄断作为竞争的对立面，一方面是竞争的必然衍生物，另一方面又阻碍和威胁着竞争法所要保护的竞争秩序，为竞争法所规制，因此属于第三位阶的基本范畴。这三个范畴在竞争法中层次分明、缺一不可。

第三节　竞争法基本范畴之间的关系

《大学》说："物有本末，事有始终，知所先后，则近道矣。"层次即是本末、先后之别。任何一个范畴体系都包含多个范畴。这些范畴之间必然存在一定的逻辑联系和一定的层次。其中，有些范畴属于同一层次，有些范畴不属于同一层次，这些必须慎重地确定下来。这些逻辑联系和层次，总体而言，也可以称作这个范畴体系的逻辑结构。而仔细考察一个范畴体系中所包含的概念范畴的逻辑与层次，有助于理解这个范畴体系的性质。

一、第一位阶的基本范畴：市场

在这三个范畴中，市场是应当处于首位的，这一点，西方产业组织理论进行了有力的说明。产业组织理论（Industrial Organization），又称产业经济学，主要研究市场结构、市场行为和市场效率及其之间的相互联系。西方产业组织理论运用到竞争法中，市场结构就是竞争法的调整范围，市场行为就是竞争法的规制对象，而市场效率就是竞争法调整的优劣标志。因为，市场结构是企业市场关系的表现形式，反映企业之间、企业与消费者之间基本的商品交易地位和关系。它包括卖方之间、买方之间、买卖双方之间的关系以及市场内的买方和卖方与正在进入或可能进入市场的买方与卖方之间的关系等，其中当然包括他们之间的竞争关系和个别企业在市场中所形成的垄断地位。这正是竞争法调整的重要内容。而市场行为是企业为获得市场利益而采取的垄断或竞争行为。在市场经济条件下，企业市场行为的目的是追求利润的最大化。通常市场行为可分为三类，即价格行为、非价格行为和组织调整行为，其中可能有正当的竞争行为，也可能有垄断行为和不正当竞争行为，后两者是竞争法直接的规制对象。市场效率以市场结构为基础，以资源配置效率、技术进步程度和产业规模结构效率为衡量因素的。市场效率可以反映市场竞争秩序的状况及企业在市场竞争中所取得的效率。市场效率的高低是竞争法制是否健全及竞争法调整优劣的标志，因此，对市场效率的经常性检讨能促使竞争法不断地完善。①

从以上的论述可以看出，市场范畴对于竞争法至关重要，影响和贯彻竞争法的始终，并且是其他两个范畴产生的基础。此外，竞争必须与市场相联系，因为只有在具体的市场条件下，才能认定一个竞争行为是促进竞争，还是限制竞争。划分相关市场也是认定垄断状态的第一步骤。所以，市场应在整个竞争

---

① 刘剑文，崔正军. 竞争法要论［M］. 武汉：武汉大学出版社，1996：2-5.

法基本范畴体系中位于第一位阶。

二、第二位阶的基本范畴：竞争

"竞争"一词在竞争法上具有突出意义。因为，竞争是商品经济的必然产物，有市场就有竞争，竞争是市场经济的灵魂。没有市场经济，也就不可能有竞争的存在；反之，没有竞争，也就不可能有真正意义上的市场经济，甚至可以说市场经济实质上就是竞争经济。

在市场规则的控制下，积极有益的竞争会使市场机制得以有效地维持，有利于劳动生产率的提高，促进社会生产力的发展，促进资源的合理优化配置，还可以更好地满足消费者的需要，维护消费者利益。所以，积极有益的竞争秩序就是竞争法所要保护和追求的第一目标。

反过来，缺乏或过度竞争又会使市场机制遭到破坏甚至崩溃。竞争在促进资源合理配置、维持市场机制正常运转的同时，必然会带来一定的消极作用，比如，必然会产生优胜劣汰，从而导致贫富悬殊，甚至两极分化；而且竞争除了积极有益的竞争外，还包括不正当竞争，并不可避免地会伴随着垄断。这些消极作用单纯依靠市场自身的力量是不可能抑制和消除的，这就是促使竞争法产生的直接原因。

此外，竞争法所禁止的行为，都是妨碍和破坏公平、自由竞争的行为。比如，垄断行为的构成和禁止也是根据其对竞争的危害性来确定的。典型的例子就是，自身违法的卡特尔行为本身具有反竞争性，按照合理规则认定的卡特尔行为就是根据其对竞争的损害或者对竞争的损益进行比较的结果来断定其是否违法的；滥用支配地位的行为是损害竞争或者竞争者利益的行为，合并是否属于禁止之列，也是根据其对竞争是否具有现实的或者潜在的损害而确定的。因此，"竞争"是竞争法最基本的概念之一，是竞争法中位于第二位阶的基本范畴。

三、第三位阶的基本范畴：垄断

有了市场和竞争的前提，那么随着竞争的发展，必然会形成垄断。恩格斯就曾对竞争与垄断的内在运动的客观规律性做过阐述：竞争必然引起资本的积聚和生产的集中，而这种积聚和集中发展到一定阶段就必然走向垄断。而且垄断与竞争从逻辑上看都是由统一的市场原理产生的。只要启动了竞争机制，垄断就不可避免；消除垄断，也就意味着竞争的消失。正如恩格斯所讲："每一个竞争者都必然希望取得垄断地位。每一小群竞争者都必然希望取得垄断地位来对付所有其他的人。竞争建立在利害关系上，而利害关系又引起垄断；简言之，即竞争转为垄断。"蒲鲁东（proudhon）进一步指出："垄断是竞争的必然结局，竞争在不断的自我否定中产生出垄断，垄断的这种起源就证明垄断的正当……既然竞争不可避免，那么它本身就含有垄断的思想，因为垄断好像是一个竞争的个体的屏障。"① 可见，这二者的关系就像哲学范畴中运动和静止的关系，没有绝对的垄断或竞争。它们是一个相互渗透与影响的体系。但是，垄断一旦形成，它又会反过来在一定程度上制约竞争，阻碍生

---

① 马克思，恩格斯. 马克思恩格斯全集（第 1 卷）［M］. 中共中央马克思恩格斯列宁斯大林编译局，编译. 北京：人民出版社，1965：141，612－613.

产力的发展，带来一系列经济和社会危害。垄断还与不正当竞争在经济上具有密切的联系，二者存在着转化和因果的关系。因为，垄断是竞争的异化，它常常是不正当竞争所追求的目标。一些不正当竞争行为可能会使竞争得到恶性发展，从而产生垄断；而垄断的形成一方面限制了竞争的开展，另一方面在广泛的市场上也加剧了不正当竞争手段的运用。并且，有些市场行为既具有垄断的性质，又是不正当的竞争行为，两者很难截然分开。

所以，垄断一方面是竞争的衍生物，并与之相互渗透与影响，另一方面又阻碍和威胁着竞争法所要保护的竞争秩序，必然为竞争法所重点规制，是位于第三位阶的竞争法基本范畴。各种为限制和消除竞争所采取的滥用市场支配地位、行政垄断、企业合并等形为都属于垄断范畴。

第二章 市 场

第一节 市场概念的界定

市场是一个历史悠久的概念，不论在古代的中国或是在古代的希腊、罗马，"市场"最初都是指商品交换的地点或场所。随着市场自身的发展，人类对市场的认识也在不断地丰富和深化，不再限于交换的地点或场所。

一、学理

（一）经济学对市场的界定

在经济学中市场有多种含义。（1）商品交换的活动场所，如集市、商店、交易所等。（2）以商品等价交换为准则的经济活动形式、方式、方法或手段的总称。比如：以商品等价交换为准则而进行的技术转让这种活动形式，可总称为"技术市场"；通过电子计算机互联网络而进行的商务活动形式，可总称为"虚拟市场"。我们常说的"以市场来配置资源"，这里的"市场"即指以商品等价交换为准则的资源配置方式或手段。

（3）商品交换中的供求关系及其状况。比如常说的"企业要面向市场"，即指要面向社会上商品的供求关系及其状况。① 其实，在近代资本主义以及资产阶级经济学产生以后，"市场"开始进入经济学的基本概念或范畴领域，在古典经济学家的著作里，"市场"已不仅仅是交换的场所了，而是有着更深刻的含义，甚至把近代资产阶级经济学的主要成果（构成微观经济学的部分）看作是对"市场"的研究结果。随着市场的不断发展和对市场的认识逐渐深入，经济学家们都各自从不同的角度对市场作出了经济学上的解释。大致看来，主要有以下几种观点。

1. 价格体系说

古典经济学派的市场理论最早可追溯到亚当·斯密的学说。斯密在《国富论》中的一个核心思想是：经济体系可以通过价格体系这只"看不见的手"得到有效协调并实现有序的运转。他指出，人们"受到一只看不见的手的指导，去尽力达到一个并非他本意想要达到的目的。他追求自己的利益，往往使他能比在真正处于本意的情况下更有效地促进社会的利益"②。这种"看不见的手"通常被称为市场机制，价格则是其用来引导经济活动的工具。无疑，他看到了价格在市场中的突出作用，且这一思想在后来的经济理论进展中得到了极为充分的诠释，对价格的研究也受到了广泛的关注。后人通常简化地把调节着资源配置的价格体系理解为"市场"。

---

① 刘树成. 现代经济词典［M］. 南京：凤凰出版社，江苏人民出版社. 2005：934.

② ［英］亚当·斯密. 国民财富的性质和原因的研究［M］. 郭大力，王亚南，译. 北京：商务印书馆，1972：27.

2. 场所或领域说

19 世纪 30 年代，古诺就已指出："经济学家所说的市场，并不是指进行买卖活动的场所，而是一整个疆域，其中的各个部分，因商业关系不受限制而联合在一起，市场内的价格能方便和迅速地调节为同样的水平。"① 在古诺看来，经济学上的市场是由买卖者之间的商业关系连接起来的、商品价格容易趋同的一个疆域。他不仅注意到了市场中价格的趋同性，而且看到了市场主体买卖双方之间的商业关系。

马克思也对"市场"进行过分析。在马克思的《资本论》中，市场基本上是流通领域的同义语。他在论及劳动力商品买卖时曾经说过："我们的货币所有者就必须幸运地在流通领域内即在市场上发现这样一种商品。它的使用价值本身具有称为价值源泉的特殊属性。"马克思还更直截了当地对市场做过一个概括："市场是流通领域本身的总表现。"② 而在流通领域内复杂的交换关系之中，他所研究的理论问题丰富而庞杂。他指出，市场反映商品交换者之间的关系，这种关系在市场中只是本质关系的外在表现或外在运动，是各个商品交换者的竞争以及集中反映这些竞争的价格现实运动及其规律③。

古典经济学大师马歇尔在总结前人市场定义的基础上，对

① ［法］古诺. 财富理论的数学原理的研究［M］. 陈尚霖，译. 北京：商务印书馆，1974：56.

② 马克思，恩格斯. 马克思恩格斯全集（第49卷）［M］. 中共中央马克思恩格斯列宁斯大林编译局，编译. 北京：人民出版社，1965：309.

③ 姚开建. 市场形式理论：马克思与西方经济学家的比较［J］. 当代经济研究，2000（11）：52－56.

市场进行了更为系统的说明。他指出：分析供求间的相互关系时，必须指的是同一市场，即由买卖关系构成，并趋向于一个统一价格的市场。市场在空间和时间上都具有局限性，而且有组织的完善与不完善、规模和重要性有大有小的区别。①

与上述古典经济学家的观点相对应，斯蒂格利茨在他的《经济学》中写道："经济学中市场的概念是指任何可以进行交换的场合，虽然这种交换与传统的乡村集市不一定相似。"② 从他的市场定义可以看出，虽然他同样把市场看成是场所，但是更明确地指出了市场的交换特征，进一步揭示了市场的本质。

3．主体说

杰文斯曾在《政治经济学理论》中指出："任一群有密切商业关系并在某商品上经营广阔的人，皆可用市场一词表示之。……我所谓的市场，是指二个以上的人，它们经营两种以上的商品，他们存有着诸种商品的事实和互相交换的意志，又为其他一切人所知。任二人的交换比率，应为其他一切人所知。这亦是市场的必要条件。此种知识扩布至何地，市场即扩展至何地。"③ 这里，他把市场泛指为任何有着商业关系的人，而且突出了交换在市场中的意义。

在市场营销学中，基本上也是把市场看成是人的集合，认

① ［美］马歇尔．经济学原理（下卷）［M］．陈良璧，译．北京：商务印书馆，1965：18－23.

② ［美］斯蒂格利茨．经济学（上）［M］．2版．梁小民，黄险峰，译．北京：中国人民大学出版社，2000：13.

③ ［英］杰文斯．政治经济学理论［M］．郭大力，译．北京：商务印书馆，1984：81.

为"市场就是具有需求、支付能力和希望进行某种交易的人或组织。单个有需求欲望的人不能构成市场①"。"一种产品的市场，就是指对该产品有需要的人，他们有钱购买它，也愿意购买它。换句话说，市场就是顾客。"②"市场即由庞杂的集团所组成的群体社会，因而它要受到人们各种心理因素的影响。我们应当经常注意所分析地区的社会与心理特征。"③ 由此可见，在市场营销学中的市场概念更加人性化，它以市场主体的需求为中心，并注重考察人们的不同传统和习惯。

曼昆也从市场的主体着手对市场进行定义。他认为："市场是某种物品或劳务的一群买者与卖者。买者作为一个群体决定了一种物品的需求，而卖者作为一个群体决定了一种物品的供给。"④ 他认为，买卖双方之间的供求关系是市场的核心。

4. 过程、行为说

以米瑟斯为代表的学者，把市场看成是一个过程。他所表达的市场思想体现在《人类行为》一书中。米瑟斯曾写道："市场是生产工具私有制条件下的劳动分工的社会体系……市场不是一个场所、一件物品或者是一个集体。市场是一个过程，它是由在劳动分工条件下合作的不同个人之间的行为的相互影响

---

① ［美］理查德·黑斯. 市场营销原理与决策［M］. 韩佩璋，译. 北京：机械工业出版社，1983：21.

② ［美］玛丽·K. 克劳伦斯. 市场营销经济学［M］. 朱彤芳，译. 兰州：甘肃人民出版社，1984：19.

③ ［巴西］埃迪逊·桑托斯. 市场营销入门［M］. 张宝宇，译. 北京：知识出版社，1987：8.

④ ［美］曼昆. 经济学原理（上）［M］. 2版. 梁小民，译. 北京：生活·读书·新知三联书店，北京大学出版社，2001：66.

来驱动的。[①]"在这里，市场推动了社会体系和个人间的行动，而这种推动经济过程的性质受到了重视。

有的学者还进一步强调了市场过程中的行为和活动，认为"市场是一种过程的简单表述，是指某一商品的买者和卖者为交换该商品所发生的联系过程中的一系列活动。"[②]"市场是一群厂商和个人为了买卖某些商品而彼此进行的接触与交往"[③]。

5. 制度说

为进一步发展和研究新古典的微观经济理论，突破过去微观经济学仅限于研究市场体制下的价格形成问题的局限性，新自由主义强调：市场不是一种机制和工具，而是具有人类社会行为性质的活动组成的交换过程，即社会成员之间自愿交易、自由协议的一种契约过程。在全部的复杂交换过程中，各种发挥作用的因素共同组成了一种规则——交换制度。对于市场本质的分析就是要遵循着经济人——经济交换——交换过程——制度安排这样一种逻辑分析过程[④]。于是，市场就成了隐含于人类社会成员之间的复杂交换过程之中并体现为交换过程的结果所形成的规则和制度。

此外，新制度主义理论文献中对市场的研究同样应受到重

---

① [英] G. M. 霍奇逊. 现代制度主义经济学宣言 [M]. 向以斌，等译校. 北京：北京大学出版社，1993：57.

② [美] 斯坦利·费希尔，等. 经济学（上）[M]. 宋炳良，等译. 北京：中国财政经济出版社，1989：20、72.

③ [美] E. 曼斯菲尔德. 微观经济学：理论与应用 [M]. 钱国荣，等译. 北京：中国金融出版社，1992：24.

④ 郑秉文. 新自由主义对市场本质的解释 [J]. 经济文献信息，1992（6）：14 – 18.

视。霍奇逊把市场本身定义为一种制度。"我们将把市场定义为一套社会制度，这样的一套社会制度缔造并促成了大量的特种商品交换有规律地发生。商品交换包括契约性的协议和产权的让渡。而缔造、组织商品交换活动并使其合法化的机制就包含在市场之中。简而言之，市场就是组织化、制度化的交换。"①

而科斯更是把法律、市场和企业都称为制度。他在《生产的制度结构》一文中，认为市场是与适当的制度相对应的，如股票交易所和商品交易所对于交易活动就有十分详尽而严格的法则和规定。这些"不同于任何可能存在的公共规定"的"私人法律"，构成了交换过程中"交易赖以进行的制度设置"②。在这种制度意义上，市场较为集中地体现着经济体系和法律体系之间的密切关系。

在制度意义上的市场范畴中，交换的实现，不仅是由供求关系、价格体系等决定，而且受到植根于市场制度之中的法律及其他规则、习俗和惯例的影响。所以，制度意义上的市场考察范围更加广阔，内涵也更加丰富。

（二）法学对市场的界定

在竞争法中，一般不对市场这个宽泛的概念进行具体的界定，竞争法学者的注意力一般集中在相关市场与特定市场。

1. 以主体为主要标志

波斯纳在《反托拉斯法》一书中对市场进行了界定与分析，

---

① ［英］G. M. 霍奇逊. 现代制度主义经济学宣言 ［M］. 向以斌，等译校. 北京：北京大学出版社，1993：208.

② ［美］罗纳德·哈里·科斯. 论生产的制度结构 ［M］. 盛洪，陈郁，译校. 上海：上海三联书店，1994：78.

他认为："如果把市场理解为有能力通过兼并或共谋提高市场价格的一群销售者——这是唯一一种跟竞争或垄断的经济分析有关的理解——这个扩大了的群体就是一个市场。"①

王晓晔在《欧共体竞争法》一书中也指出："竞争法中的市场则一般是指相关市场。即需要在具体的案件中确定，哪些企业相互是竞争者。这一般是指向共同买主出售竞争产品的卖主。"②

2. 以产品为主要标志

许光耀在《欧共体竞争法研究》一书中认为："要确定企业的市场份额，首先要确定市场的范围，市场范围的大小决定着企业市场份额的大小，也决定着企业的命运。"他又进一步指出："相关市场不一定是大市场。重要的是，这一市场构成独立市场，消费者认为不能或不值得用其他产品替代这一产品。"③

阮方民也对欧盟竞争法中的相关市场进行了界定。他认为："相关市场也叫相关的产品市场，是指同类产品或者替代产品竞争所存在的一定时间范围和空间场所范围。""一般认为，相关市场的概念应当包括三个要素：相关产品市场、相关地域市场和相关的时间市场。其中相关产品市场最为重要，但也最为

① ［美］理查德·A. 波斯纳. 反托拉斯法（2 版）［M］. 孙秋宁译. 北京：中国政法大学出版社，2003：172 - 185.
② 王晓晔. 欧共体竞争法［M］. 北京：中国法制出版社，2001：75 - 80.
③ 许光耀. 欧共体竞争法研究［M］. 北京：法律出版社，2002：201 - 207.

复杂。"①

种明钊认为:"在反垄断法中,使用相关市场的概念。相关市场,是指同类产品或者替代产品竞争所存在的一定时间和空间场所范围。""一般认为,反垄断法上的相关市场包括产品市场、地理市场和时间市场三个维度。"②

3. 以竞争为主要标志

孔祥俊认为:"相关市场的界定,对于认定经营者之间是否具有竞争关系是非常重要的。""相关市场是行为人开展竞争的区域或者范围。对该范围或者区域的确定被称为市场界定(market definition)。"③

我国台湾学者郭土木认为台湾地区"公平交易法"中的特定市场"一般而言应涵盖所有竞争可及之区域或范围,包括商品或劳务潜在供给者与需求者之相关市场,及其可能交易之区域空间与时间范围。"④

(三)社会学对市场的界定

社会学家们对市场也颇为关注,并且也对市场的理解做出了实质性贡献。在早期的社会学家中,马克斯·韦伯(Max Weber)是对市场问题最感兴趣的一位。在《经济与社会》一书

① 阮方民. 欧盟竞争法［M］. 北京:中国政法大学出版社,1998:114-124.

② 种明钊. 竞争法学［M］. 北京:高等教育出版社,2002:226-234.

③ 孔祥俊. 反垄断法原理［M］. 北京:中国法制出版社,2001:275-296.

④ 赖源河. 公平交易法新论［M］. 北京:中国政法大学出版社,2002:184.

中，他对市场这样定义道：当复数的潜在方之间为获得进行交换的机会而展开竞争，甚至即使只是单方面竞争的时候，可以说市场就产生了。在第二次世界大战结束后的 50 年代，卡尔·珀拉尼（Polanyi Kai）指出，市场并不是像大多数经济学家所描述的那样，一个市场的存在首先要有"需求群体""供应群体"和以"等价"方式运作的机制。除此之外，他还增加了许多功能的因素，比如"物理位置、财物的赠送、风俗以及法律等"。卡尔·珀拉尼的主要观点是：经济学家眼中的典型市场只是有序交易的许多可能的形式之一。

从 20 世纪 80 年代早期开始，社会学界出现了一系列关于市场的著作，各种不同研究方法都取得了不同程度的成功。在社会学家哈瑞森·怀特（Harrison White）的著作中，人们所能看到的他对市场所做的最为贴切的定义是："市场是相互密切监督着的生产者实在的同行圈。来自买方的压力构成了一面镜子，借助于这面镜子，生产者们审视到的是他们自己，而不是消费者。"

而且，在社会学界，将市场作为一种有其自身理由的复杂的社会现象加以分析的种种努力早已有之，如马克斯·韦伯曾强调冲突和社会规制在建构市场过程中所发挥的作用。近来，更多的社会学研究尝试把其首要的任务用来说明：市场并不单单是由买卖双方进入其中并与他人进行交易的一些同质的空间构成的，而是一个独特的互动网络。①

---

① ［美］理查德·斯维德伯格. 作为一种社会结构的市场 ［J］. 吴苾婷，译. 人大复印资料·社会学，2003（5）：42–49.

第二章 市　场

此外，中国的社会学者也早已对市场有所关注，比如有学者认为市场是商品交换的场所。按商品交易场所划分，有集市、庙会、物资交流会、货栈、批发站、商场、店铺和交易所等。按交易的商品划分，有商品市场、生产资料市场、技术市场、金融市场和劳动力市场等。按商品交易地区范围划分，有农村市场、城市市场、国内市场、国外市场、几国共同市场和国际市场。① 他们对市场的概念和分类都表达了自己的理解。

社会学家们对市场的界定不仅仅考虑了经济因素，还考虑了其他因素，如物理位置、财物的赠送、风俗以及法律等。他们不仅仅把市场看成是经济现象，更是把市场看作一种有其自身理由的复杂的社会现象，从而令我们对市场的看法更加全面，视野更加开阔。

（四）小结

通过分析以上各学科对市场范畴的理解与界定，可以看出市场是一个发展变化的客观存在的现实。各门学科对市场的认识也是一个逐渐深入与理性的过程。

市场范畴发展至今，其内涵日渐丰富，市场已从古代单纯的场所概念慢慢演变成了一个复合的范畴。在这个范畴体系里面，价格机制、分工机制、交换机制、竞争机制、法律机制及道德机制等各种因素相互作用，共同促进着市场的发展与成熟，使其成为有效配置社会资源的基本方式之一。

经济学家首先认识到了价格的作用，把价格置于整个市场

① 彭克宏主编. 社会科学大词典［M］. 北京：中国国际广播出版社，1989：620.

研究的核心，进而看到了决定价格涨落的供求关系，开始对供求关系进行深入的分析。并且许多学者都不约而同地看到了市场交换的本质，正因为人们有了交换的需要，才会产生市场，而市场就是通过人们不断地交换来运转和发展的。此外，还有很多学者对市场的理解不再局限于市场内生的价格、供求、交换等机制，而把视野扩展到了法律、道德等其他更为广阔的领域，比如市场营销学对社会心理、传统和习惯的关注，制度经济学派对植根于市场制度之中的法律及其他规则、习俗和惯例的重视。

社会学家对市场的关注与理解，指出了经济学家对市场理解的局限性，从整个社会的角度为市场的研究提供了更广阔的平台。他们不仅仅把市场看成是一种经济现象，更是把市场看作一种复杂的社会现象；也不再只是进行静态的分析，而是把市场放入整个社会的发展中进行动态的研究。这对经济学中的市场概念是一个有益的补充。

所以，市场除了需要其内在的价格、交换及竞争等机制相互作用外，还需要法律、道德作为维持它正常运作的基础。比如，买卖双方具备对商业惯例的遵守道德，以及保证交易的合同法、维护正常竞争秩序的竞争法，等等。市场不仅仅是一个静态的经济现象，而且是一个动态的社会过程。由此可见，竞争法也是市场的构成机制之一，是维持市场正常运作的重要手段。一方面，竞争法中的市场应借鉴经济学与社会学的成果，从广泛的动态意义上去考察。而对相关市场的界定，既要关注产品、地域及时间要素，也要考虑市场中的交易惯例等其他因素。另一方面，竞争法是以维护积极有益的竞争为目标的。它所界定的市场必然要与竞争相连。

二、各国及国际组织的立法

各国和国际组织的立法与司法大多是对相关市场或特定市场作出了界定，但是在法律中直接对相关市场进行界定的不多，一般都由执法和司法部门具体掌握相关市场的含义与认定。

（一）国际组织立法对市场的界定

OECD（Organization for Economic Co-operation and Development，经济合作与发展组织，简称经合组织）在《竞争法的基本框架》中对市场进行了定义："市场——一个产品集，对该产品集中的产品，购买者乐意或将乐意相互替代它们；一个特殊的、可能超出共和国边界的空间范围，在这一范围中，存在着一批消费者乐意或将来乐意将他们相互替换的销售者。"

欧共体委员会 1997 年 12 月专门发布了一个《欧共体竞争法中界定相关市场的通告》（以下简称《通告》）。其提出要使用经济学和计量经济学的方法界定产品市场和地域市场，从而明确地将经济分析方法引入了欧共体竞争法。根据《通告》第 7 条，相关产品市场是指根据产品的特性、价格及其使用目的，从消费者的角度可以相互交换或者相互替代的所有产品和/或者服务。而在司法实践中，要决定几个产品之间是否具有替代性，主要考虑产品的性能、使用目的、产品价格和消费者喜好。根据《通告》第 8 条，相关地域市场是指相关企业供给或者购买产品或者服务的地域，而且它们在这个地域的竞争条件基本是一致的。界定相关地域市场时，一般应考虑地区间的差异、产品价格、消费者的喜好及运输费用等因素。此外，1997 年的

《通告》的一个显著特点就是提出了一个界定市场的认定需求替代的"5%标准",作为对一定产品和地域内假设的一个数目不大(其幅度在5%至10%之间)但长期性的相对价格上涨的反应,当事人的客户是否愿意转向购买可以得到的替代品,或者转向其他地区的供货商。^① 可见,欧共体对于相关市场的界定,综合考虑了多方面的因素,其中,消费者或者用户的看法起着重要作用;此外,还引入了经济分析的方法,增强了市场界定的精确性。

(二)其他国家和地区对市场的界定

在美国,谢尔曼法第二条的独占案件与克莱顿法第七条合并案件的相关市场的界定方法是一致的。相关市场都包括直接影响被告定价的所有销售。而在美国的反垄断司法实践中,法院有权决定相关产品市场的范围。例如,在1956年美国政府指控杜邦公司垄断玻璃纸生产一案中,因为玻璃纸为杜邦公司独家生产和销售,美国司法部认定该公司在玻璃纸这个产品市场上占有100%的市场份额;然而,法院却将玻璃纸看作包装材料中的一种,所以,在包装材料这个产品市场上,杜邦公司仅占18%的市场份额,不构成垄断。显然,这里的相关市场界定的范围很宽。然而,在1962年布朗鞋(Brown Shoe)一案中,最高法院判决认为:"一个产品市场的范围取决于对合理可交换性的应用,或者对产品本身和其替代品之间的交叉弹性的需求。^②"

---

① 王晓晔. 欧共体竞争法 [M]. 北京:中国法制出版社,2001:76 – 87.

② [美]马歇尔·C. 霍华德. 美国的反托拉斯法与贸易法规 [M]. 孙南申,译. 北京:中国社会科学出版社,1991:24 – 25.

该案中，法院把鞋类市场划分为若干个小市场，如男鞋、女鞋、童鞋等，它们相互之间不能替代。这样一划分，相关市场就被大大缩小了。因而，一些垄断案件的诉讼结果有时完全取决于法院对相关市场的界定。为了提高法律适用的稳定性，美国司法部依据最高法院关于企业合并判决中的基本原则，于1968年发布了一个"企业合并指南"，并且在第五到第七条中确立了一种对干预横向合并案的精确而复杂的界定相关市场和市场份额的方式。

俄罗斯《关于竞争和在商品市场中限制垄断活动的法律》第四条中指出商品市场即是相关市场，规定："商品市场是指一种商品的流通范围；在该范围中，这种商品没有互替品。或者它是指在俄罗斯全境或部分地区内一组互替品的流通范围；决定该流通范围的基础是消费者在一特定区域内具备购买一商品的经济能力，而在该区域外则不具有这样的能力。"韩国《限制独占及促进公平交易法》第二条第六项规定："本法所称一定之交易部门（特定市场），系指在客体别、阶段别或竞争别之竞争关系，或可能成立竞争关系之部门而言。"我国台湾"公平交易法"第五条规定了特定市场的定义："系指事业就一定之商品或服务，从事竞争之区域或范围。"

此外，还有一些国家在立法中对相关市场进行了规定。比如，保加利亚《竞争保护法》（1998年）规定："相关市场"包括：（a）"产品市场"，由所有在性能、名称和价格形式上消费者可接受的具有可替换性的商品或服务构成；（b）"地理市场"是指一个特定地域，在该地域内相关可替代性的商品和服务的竞争条件是相同的，并区别于相邻区域的竞争条件。捷克《竞争保护法》（2001 年）第 2 条："相关市场"是指商品市场，在该区域中商品在特征、价格和预期的用途上应具同一性、可比较性和可相互交换性，该市场竞争条件整齐划一并可从其他区域明显地分辨出来。印度《竞争法》（2003 年）第二条：本法中，除非上下文另有规定：r．"相关市场"是指由委员会所界定的相关产品市场或者相关地理市场，或者相关产品和地理市场；s．"相关地理市场"是指货物供应、服务提供以及货物和服务需求的竞争情况显然同质，且能够和相邻区域的主要情况进行区分的市场；t．"相关产品市场"是指消费者根据产品或者服务的特性、价格和预期用途认为可以互换或者候补的产品或服务的市场。在印度尼西亚《禁止垄断行为和不公平商业竞争相关法》（1999 年）中对市场和相关市场都给出了明确的界定。它规定：市场是指一种买方和卖方直接或间接从事商品和/或服务贸易的经济制度。相关市场是指与同一种/类商品和/或服务或者该商品和/或服务的替代品范围，或者与事业者特定销售区域有关的市场。

（三）我国竞争立法对市场的界定

我国立法中没有对市场这一上位概念作出明确界定，但在 2007 年颁布的《中华人民共和国反垄断法》中，第十二条第二款对相关市场也作出了界定：本法所称相关市场，是指经营者在一定时期内就特定商品或者服务（以下统称商品）进行竞争的商品范围和地域范围。

在《美国律师公会反托拉斯法部、国际法及惯例部共同对于中华人民共和国所拟议的反垄断法提供的意见和建议》中，两部门注意到普遍采用的"市场"之定义下的"市场"应是指

"购买者购买或将考虑用以替代之的一组产品（或服务），以及经营者及其竞争者可以销售此种产品（或服务）的地域"。①

三、市场的界定和要件

市场作为一个科学的范畴，就应该对客观现实作出正确的概括和反映。也就是说，我们应该根据发展了的实际和深化了的认识，给市场概念赋予新的定义。所以，本文认为，竞争法中所称市场，是指经营者之间进行交易的领域。

在这个定义中，交易是市场的本质。交易与交换有紧密联系，又有根本区别。从众多的市场概念中都可以看出，市场离不开交换。交换是市场产生的前提与条件之一。从人类社会经济史的视角来看，是先有交换而后才逐渐形成了市场。经济人类学家卡尔·波兰尼（Karl Polanyi）就曾指出："也许说交换和货币是自古就有的，但市场却不是这样，市场是在晚期社会中才发展起来的。"② 而且，交换不仅概括了市场的表象，即物与物的互换，而且揭示了市场的实质，即人与人的关系。所以，在经济学中，通常认为市场的本质就是交换。

而法学意义中的市场则是以交易为本质。康芒斯（Commons）曾分析过交易与交换的区别，他指出："交换的概念有它

---

① *Joint submission of the American bar associations sections of antitrust law international law and practice on the proposed anti – monopoly law of the peoples republic of china.* （2003 – 10 – 10）［2014 – 01 – 23］http：//www. americanbar. org/groups/antitrust_ law. html.

② ［日］栗本慎一郎. 经济人类学［M］. 王名，等译. 北京：商务印书馆，1997：39.

的历史根源，它起源于资本主义以前的市场和集市。那时候的商人是一个小贩，携带着他的货物或钱币到市场上去，实际地拿它们和别人交换。然而他确实是一个人同时做了两种完全不同的活动：实际交货和实际收货的劳动活动，以及让与和取得所有权的法律活动。一种是实际移交对商品或者金属货币的物质的控制，另一种是依法移转法律上的控制。一种是交换，另一种是交易。"虽然"这种根本的区别没有被加入经济学说"①，但是，对于法学却具有特别重要的意义。因为，康芒斯所称的交易是在一定的秩序或集体行动的运行规则当中发生的，是在利益彼此冲突的个人之间发生的所有权的移转。它和社会政治经济体制的连接，使其具有社会哲学的意味。② 而且，交易和竞争具有内在的联系。康芒斯认为，交易中"规定价格和使得竞争可能的是所有权，决定竞争公平还是不公平的是所有权的转移，而不是实物的交换"③。萨缪尔森·鲍尔斯（Samuelson Powers）和郝尔伯特·吉思蒂斯（Hallert Giesetice），则进一步提出了"竞争性交易"的概念，"把以代理问题和内部权益保障为特征的交易定义为可竞争的交易"，在资本主义经济中，最重要的交换是可竞争的，并极为深刻地分析了"雇佣劳动力和资本间的

① ［美］康芒斯. 制度经济学（上）［M］. 于树生，译. 北京：商务印书馆，1994：76.
② 张群群. 论交易组织及其生成和演变［M］. 北京：中国人民大学出版社，1999：3.
③ ［美］康芒斯. 制度经济学（上）［M］. 于树生，译. 北京：商务印书馆，1994：70.

关系是一项可竞争的交换"。① 这一理论贡献，为竞争法扩展和加大买方与卖方之间的竞争关系及其法律调整提供了经济学基础。② 可见，交换虽然体现了市场的本质，但仅具有经济层面的意义，而交易作为制度化的交换，则综合了经济与法律双重属性，并与竞争具有内在的密切联系。所以，交易体现了竞争法中市场的本质，竞争法所要关注的只是这种具有法律意义的制度化交换，即交易。

竞争法中的市场范畴除了具备交易的本质外，还应具备以下要件，才能构成一个完整的市场范畴。

（一）市场的要素：买者、卖者、商品、货币

对市场的最简单的概括是把市场归结为四个要素：买者、卖者、商品、货币。前二者是市场的主体，后二者是市场的客体。从这四个要素的角度来看，市场就是买者和卖者，以货币为媒介进行商品交换的社会经济形式。它们相互制约，缺一不可，结合起来才能形成交换或交易行为。

商品和市场是不可分离的。商品是市场中的一个重要要素，有商品存在，就意味着有市场存在。因为，商品从一般意义上来说，是用于交换的物品，它的存在本身就表明，物品已被用于交换，货币已从商品中分离出来，交换已分为两个阶段，交换的主体已确立为买者和卖者，从而市场已经形成。近代经济

---

① 萨缪尔森·鲍尔斯，郝尔伯特·吉思蒂斯. 竞争性交换：资本主义政治经济的新微观基础［M］.//路易斯·普特曼，兰德尔·克罗茨纳. 企业的经济性质. 上海：上海财经大学出版社，2000：264.
② 王艳林. 中国经济法理论问题——探求经济法走向成熟的思考与评论［M］. 北京：中国政法大学出版社，2001：117.

科学的建立，包括资产阶级古典经济学和马克思主义经济学，都是从对商品的分析，或商品的使用价值、交换价值及价值等的理论分析开始的。在对商品理论分析的基础上，市场的理论分析或市场范畴才逐渐展开和形成。

市场不能没有货币，如果没有货币，就只存在三个要素，这时的交换仅仅是一种物物交换。实际上，在这种交换中，买者也就是卖者，卖者也就是买者，或者说，买卖者还未区分开来。只有当商品中分离出一种特殊等价物，交换过程被分为两段，即商品——货币——商品时，才出现既定的买者和卖者。卖者以商品出售获取货币；买者以货币购买商品。

所以，只有卖者、商品，没有买者和货币，不能构成现实的市场，或者说，商品没有"市场"；而没有卖者和商品，也不能构成市场。在概念或范畴上，买者和卖者、商品和货币是相互对立和相互依存的。对于一个完整的市场范畴，这四个要素缺一不可。

（二）市场中的基本关系：供求关系

有经济学家指出，市场之所以存在是因为存在着供和求两个方面。19 世纪甚至有一句妙语："教会鹦鹉说'供求'，也就教会了它经济学。"这种说法虽然过于夸张，但也从另一个侧面反映了供求之于市场的重要性。所以有学者认为："虽然供求概念已经人尽皆知，但我们并不能因此而忽视它的重大作用，价格在市场上显然要受到两个方面的压力：一是从供给物品的卖者方面看，如果价格降得太低，他就会停止供给；二是从需求产品的买者方面看，他要买产品，但是如果价格涨得太高，他就会放弃购买。每一方行为的改变，都会使不同数量的产品以不同价格在市场上交换。"① 这又从供求关系对价格的决定性影响方面阐明了供求在市场中的基本作用。

可见，市场包括"供给"和"需求"两个相互联系、相互制约的方面，是二者的统一体。正因为有了供给和需求，本来互不相关的个人或组织才成为市场中彼此影响和联系的买者和卖者。供求的变化反映了买卖双方力量和市场竞争的强弱程度即交易力量的不同状况，并决定着价格的涨落。所以市场是买卖双方力量的结合，是供求双方相互作用的结合。市场中的基本关系就是买卖双方之间对商品的供求关系。

（三）市场以价格机制为手段

市场利用价格实现了资源的合理配置，所以价格机制是市场的基本手段或工具。价值规律是市场的基本规律，价格是价值规律的表现形式。在市场中，每样东西都有价格，即物品的货币价值。一方面，价格代表了消费者与厂商交换各自商品的条件，是双方进行交换的基础；另一方面，对消费者和生产者来说，价格还是一种信号，反映着供给与需求的变化。在市场中，价格协调着生产者和消费者的决策。较高的价格抑制消费者购买，同时刺激生产；较低的价格鼓励消费，同时抑制生产。价格在市场机制中起着平衡的作用。② 而价格的变动则是价值规律的表现形式。在统一和开放的市场上，广大生产经营者自由和充分地竞争，使价值规律充分发挥作用，不仅从微观上调节

---

① ［美］劳埃德·雷诺兹. 微观经济学：分析和政策［M］. 马宾译. 北京：商务印书馆，1982：35.

② ［美］保罗·萨缪尔森、威廉·诺德豪斯. 经济学［M］. 萧琛等译. 北京：华夏出版社，1999：21－22.

各生产经营者间的利益关系，而且能够从社会经济的宏观和总体上调节资源的配置和资本流向，调节社会经济的结构与运行。因而，在资本主义初期，市场能通过"看不见的手"即价值规律，对社会经济进行调节，维持大致协调的各种结构比例关系，并且能从总体上维持比较稳定的运行，实现有效的调节。

第二节　市场的基本分类

现实中的市场存在着许多类型，如果以一定的差异作为标准，可以存在成千上万种市场。如以时间范围划分，可以有现货市场和期货市场；如以空间范围划分，可以有大小不同的地方市场、国内市场、国外市场；如以商品种类、特点划分，又可以有生活资料市场、生产资料市场，或有形商品市场、无形商品市场，或工业产品市场、农产品市场。类似的划分还可继续细分下去。但从经济学和竞争法学的角度来说，目前对市场的划分主要存在着以下几种基本分类。

一、以商品的种类来划分，分为产品市场、劳动市场和资本市场

斯蒂格利茨认为，在现代产业经济中，就大多数目的而言，将注意力集中于产品市场（product market）、劳动市场（labor market）和资本市场（capital market）就足够了。"厂商向家庭出售其产出品的市场总称为产品市场。……在投入品方面，厂商需要（除在产品市场上购买原料外）劳动和机器的某种组合以生产其产品。它们在劳动市场上购买工人的劳务。在资本市

场上获得资金以购买投入品。"① 劳动市场——市场体系的组成
部分，是交换劳动力的场所，即具有劳动能力的劳动者与生产
经营中使用劳动力的经济主体之间进行交换的场所，是通过市
场配置劳动力的经济关系的总和。劳动力市场交换关系表现为
劳动力和货币的交换。资本市场是金融市场的一部分，它包括
所有关系到提供和需求长期资本的机构和交易。长期资本包括
公司的部分所有权如股票、长期公债、长期公司债券、一年以
上的大额可转让存单、不动产抵押贷款和金融衍生工具等，也
包括集体投资基金等长期的贷款形式，但不包括商品期货。资
本市场是一种市场形式，而不是指一个物理地点，它是指所有
在这个市场上交易的人、机构以及它们之间的关系。就其细节
而言。金融学家们对资本市场的见解有不同的定义。有些金融
学家只将有证明的物件之间的交易看作资本市场的内容，而将
无证明的贷款交易另分为贷款市场。其他金融学家则将两者均
看作是资本市场。公认的则是长期性的资本是这个市场与其他
金融市场如衍生市场、货币市场之间的区别。

　　社会资源在这三种市场中不停流转，形成一个不间断的循
环，实现着市场经济中的社会生产与再生产，只有它们结合在
一起才构成市场的完整体系。生产要素市场的培育和发展，是
发挥市场在资源配置中基础性作用的必要条件，是发展社会主
义市场经济的必然要求。市场体系是一个不可分割的有机统一
体，由各种相对独立的商品市场和生产要素市场构成。从静态

---

　　① ［美］斯蒂格利茨. 经济学（上）［M］. 2 版. 梁小民，黄险峰，
译. 北京：中国人民大学出版社，2000：15.

角度看，市场体系是商品、资金、技术、劳务、信息、房地产等各类市场的统一；从动态角度看，市场体系还包括各类市场及其构成的统一体运动、变化、发展的运行机制和管理调控机制。随着社会主义市场经济体制的确立，我国的商品市场日益完善，市场功能日趋扩大。资金、技术、劳动力、信息、房地产等渐渐地在市场上交易，并由此发展成了金融市场、技术市场、劳动力市场、信息市场、房地产市场等。这就是生产要素市场。这些要素市场构成的统一体，在整个国民经济中也起着十分重要的作用。

二、从市场结构来划分，分为完全竞争市场、垄断市场、不完全竞争市场

这是从市场结构的角度来对市场做出的分类。根据市场主体在某一商品市场中的数量比例和竞争程度，可以把市场划分为四种类型：完全竞争市场、垄断市场、不完全竞争市场。

在完全竞争的市场里存在许许多多的厂商，每家厂商都相信它的任何行为对市场价格都不会产生影响，是一种竞争完全不受任何阻碍和干扰的市场。在完全竞争市场上，市场价格由供求双方的竞争决定，个别卖者和个别买者都只是这一价格的接受者。换句话说，在市场所指定的价格下，市场对个别卖者产品的需求是无限的，对个别买者产品的供给也是无限的。完全竞争市场是一最理想的市场类型。因为在这种市场状况下，价格可以充分发挥其调节作用，在长期均衡中实现市场价格＝边际成本＝平均成本。从整个社会的角度来看，总供给与总需求相等，资源得到了最优配置。但是，完全竞争市场也有其特

点。如：无差别的产品使消费者失去了选择的自由；各厂商的平均成本最低不见得就能够使社会成本最低；生产规模很小的生产者无力进行重大的技术突破。在现实经济生活中，完全竞争的情况是极少的。而且，一般说来，竞争最后必然导致垄断的形成。

在垄断市场里，只有一家厂商，这个极端的情况是不存在竞争的。在完全垄断市场上，由于只有一家卖主，因而这一卖主就可以操纵价格。操纵价格必然高于竞争价格。因为垄断企业作为价格的制定者，它知道每多售出一单位的产品都将导致价格的下降，这会使它通过限制产量来控制价格，从而把价格保持在较高水平上，以获取最大利润。一般而言，完全垄断市场的运行对社会经济是非常有害的。因为：①由于垄断价格高于竞争价格，购买同样的使用价值，消费者会比在竞争市场上支出更多；②由于完全垄断市场不能使生产者在最佳规模上进行生产，因而会造成资源的浪费；③垄断厂商可以凭借垄断权利长期得到超额利润，在分配上是不公正的；当然，也并不是所有的完全垄断都是有害的。例如，有些完全垄断，尤其是政府对某些公共事业的垄断，并不以追求超额利润为目的。这些公共事业往往投资大、周期长且利润低，但它又是经济发展和人们生活所必需的，所以由政府垄断经营会产生外部效益而给社会带来好处。完全竞争市场和完全垄断市场是市场中的极端类型。经济中更常见的是由垄断与竞争不同程度组合而成的市场类型，即不完全竞争市场。

在不完全竞争市场中，存在若干厂商，每家厂商都意识到其销售量取决于它索取的价格和其他可能采取的行为，比如广告。而不完全竞争市场又包括两种特殊情况：一种是寡头垄断市场，在这种市场中，厂商数量足够少，每家厂商都关心竞争对手在自己采取任何行为后如何做出反应；另一种是垄断竞争市场，在这种市场中，厂商数量足够多，每家厂商都相信，如果降低自己的价格，竞争对手不会改变它们索取的价格。[1] 曼昆也对市场做了类似的分类。[2]

在寡头垄断市场上，每家厂商的产量都占有相当大的份额，从而每一厂商对整个行业的价格都有举足轻重的影响。但是，每家厂商在做出价格与产量的决策时，不但要考虑到本身的成本与收益情况，而且还要考虑到该决策对市场功能的影响以及其他厂商可能做出的反应。合伙谋求最大利润的可能性，会使寡头厂商通过各种或明或暗的形式就价格和产量达成某种协议。如合法地组织一个贸易协会或卡特尔，由协会或卡特尔指定价格，分摊生产配额。更为普遍的办法则是采用价格领导制，即首先由一个或几个寡头率先摊出价格，其余寡头追随其后确定各自的价格。但是，各寡头间的实力总是有差别的，且总是变化的。所以，又存在着各寡头从自身利益出发，力图谋求最大个别利润的动机。这种动机会使各寡头难以达成协议或产量协议，或是在达成协议后又暗中违反协议。随着他们背弃协议程度的加深，其价格和产量便会最终趋向于竞争市场的均衡水平。寡头垄断市场可以实现规模经济；同时，价格比较稳定，且便

---

① ［美］斯蒂格利茨. 经济学（上）［M］. 2 版. 梁小民，黄险峰，译. 北京：中国人民大学出版社，2000：312.

② ［美］曼昆. 经济学原理（上）［M］. 2 版. 梁小民，译. 北京：生活·读书·新知三联书店，北京大学出版社，2001：66 – 68.

于政府对行业进行管理。另外，寡头垄断还有利于促进科技进步。寡头间的竞争为技术创新提供了动力和压力，他们雄厚的实力可以为技术创新提供巨额资金。寡头垄断市场的主要弊端是：寡头间的价格协议会抬高价格，损害消费者利益；市场进入的障碍限制了竞争，不利于资源的自由流动和优化配置。垄断竞争市场的主要特点在于：市场既存在有限度的垄断，又存在不完全的竞争。这一特点表现在价格方面，就是价格的差异。垄断竞争市场运行的效果是有利又有害的。对消费者而言，其好处是，不同特色的产品可以满足消费者的不同偏好；其不足之处是，这一好处的获得须付出较高的代价。对生产者而言，短期超额利润的存在可以激发他们进行创新的内在动力，但垄断竞争又会使销售成本增加。

为了保持和促进竞争，需要国家根据市场结构和形式的不同以及其他相关因素，制定和实施相应的竞争政策措施，例如消除市场进入限制、控制企业集中、监察滥用市场权力等。

然而，在现实经济生活中，两种极端的市场结构——完全竞争的市场和垄断的市场是几乎不存在的。普遍的情况是介于这两种极端之间的市场，即不完全竞争市场，这种市场也是我们要考察的主要对象。

三、从传统与新兴的市场类型来划分，分为现实市场和网络市场

当然，市场的类型是随着商品交换关系在空间、时间上的扩展而不断增加着其多样性的。社会生产力的发展，特别是交通运输和信息传递方式的每一次重大变化，以及大众生活水平和时尚偏好的变化，都会使市场的类型获得新的改革。随着二

十世纪八九十年代以来计算机和互联网的发展，网上购物已成为新的市场交易形式，即出现了新型的网络市场。网络市场是以现代信息技术为支撑，以互联网为媒介，以离散的、无中心的、多元网状的立体结构和运作模式为特征，信息瞬间形成、即时传播，实时互动，由高度共享的人机界面构成的交易组织形式。这种在网络上的市场没有界限，没有形成法定或固定规则，与传统的市场形式有很大差异。

与传统消费市场相比，网络市场具有很多优势，主要表现在以下几个方面。①网络市场中商品种类多，没有商店营业面积限制，它可以包含多种商品，充分体现网络无地域的优势。②网络购物没有时间限制，24小时开放，需要时可随时登录网站，挑选任何商品。③购物成本低，对于网络消费者，挑选对比不同的商品，只需要登录不同的网站或是选择不同的频道，免去了传统购物的奔波之苦，同时大大节约了时间和成本。④网上商品价格相对较低。因为网络销售省去了很多中间环节，节约了传统商场无法节省的费用，商品附加费低，所以价格也就低。在传统市场，一般利润率要达到20%以上才能赢利，而网络市场利润率在10%就能赢利。⑤网络市场库存少，资金积压也少。网络营销中很多商品是按订单调配，不需要很多库存，从而减少了资金积压，甚至可以实现零库存。⑥商品信息更新快，只需要将商品信息即时修改公布，全球立即可以看到最新信息，这在传统市场中是无法做到的。⑦商品查找快。由于搜索功能齐全，通过搜索，不需要太长时间，就可以查找到所需要的商品。⑧服务范围广。网络购物无地域、无国界限制，因此服务范围也不会局限于具体区域。

这种市场的发展非常迅速，已经逐渐成为市场的基本类型之一。而且，随着互联网的迅速发展，集计算技术、网络技术和信息技术于一体的网络营销已对传统的贸易方式形成了巨大冲击，并以其快捷、方便、高效率和高效益的显著优势成为21世纪国际、国内贸易的主要方式。在不久的将来，一个全新的、无接触的、虚拟的"电子空间市场"时代即将到来，它或许将取代现有的实体化市场时代。各国应该给予这种最新的市场类型以充分的关注。而这种变化在世界范围内才仅仅是更为巨大变化的开端，以后市场类型可能更加多种多样化。

第三节　竞争法中市场范畴分析

一、市场的支配地位

市场支配地位是欧盟及其成员国的竞争法所使用的术语，而美国、日本、澳大利亚等国家的反垄断法则采用独占、独占地位等措辞。虽然用语上存在差别，但其基本含义或者所指向的内容是一致或者基本一致的。

欧洲法院在罗氏公司（F. Hoffmann-la Roche，Ltd）案中，对支配地位的定义为："支配地位……是一定企业享有的经济力地位，这种力量使其能够在相当程度上独立于其竞争者、消费者——最终是消费者，在相关市场上阻碍有效竞争的维持。这种地位并不像在垄断或半垄断状况下那样排除竞争，而是使因此而受益的企业，即使不能决定竞争条件，至少对竞争条件施加相当大的影响，并且在任何情况下都可不顾及竞争的存在的行为，只要这类行为对其自己不致产生损害。"① 美国最高法院1956 年的判例（玻璃纸案）以及晚近经济学家和法学学者对独占提出了一系列见解：独占是市场力量（Market Power）的表现，即足以控制市场价格或排除竞争的力量。② 此外，德国《反限制竞争法》中的支配地位、日本《反垄断法》的垄断状态、澳大利亚《贸易行为法》中的市场力量、我国台湾"公平交易法"中的独占等与市场支配地位相对应的概念、含义与内容也基本一致。

我国的《反垄断法》借鉴德国的做法，也使用了"市场支配地位"这一术语，并在第十七条对其作出如下定义："指经营者在相关市场内具有能够控制商品价格、数量或者其他交易条件，或者能够阻碍、影响其他经营者进入相关市场能力的市场地位。"该定义将构成市场支配地位的两个条件作为选择性条件：一是企业在市场中的地位，即能够控制商品价格、数量或者其他交易条件；二是对竞争的影响，即能够阻碍、影响其他经营者进入相关市场。

显然，两个条件是从不同角度界定市场支配地位的内涵的，然而它们之间不是补充关系而是并列关系。这就意味着，在实践中只要企业具备其中的一个条件，即占有市场支配地位。事实上，这两个条件所界定的概念外延并不完全一致。符合企业在市场中地位条件的情况主要是独占、准独占和突出的市场地

---

① 许光耀. 欧共体竞争法研究［M］. 北京：法律出版社，2002：199.

② 孔祥俊. 反垄断法原理［M］. 北京：中国法制出版社，2001：503－515.

位的状态；符合对竞争影响条件的情况则不仅包括独占、准独占和突出的市场地位的企业，也包括相对优势企业。因为相对优势企业也会对其他企业进入市场形成一定的阻碍、影响。由此，在实践中可能出现对两个条件判断不一致的情况，影响到法律执行的一致性和权威性。其实，市场支配地位的定义至少应包含以下几个方面的因素：①主体方面，它可以由一个企业单独拥有，也可以由少数几个企业共同拥有；②本质上，市场支配地位是一种特殊的市场地位，是支配企业独立于竞争之外的一种市场地位；③表现形式上，它常外化为控制商品价格、数量，阻碍、影响其他经营者的经营等。

近年来兴起的行为主义思潮认为，市场支配地位在确定垄断存在与否上起着决定性的作用，而且还是反垄断法的监督对象，但它本身并不是反垄断法所要规制的垄断。它与垄断是条件关系，即垄断必须以某个市场支配地位的状态为构成要件。一般来说，市场支配地位如果造成市场弊害（垄断状态规制），或滥用市场支配地位行为，对竞争形成实质性损害（垄断力滥用规制），或有故意取得和维持市场支配地位的行为（垄断化规制），就构成垄断。但反过来，有了市场支配地位却并不必然构成垄断。这就是行为主义思潮所称的垄断力量本身并不违法的观念。

简言之，市场支配地位是指经营者在相关市场上拥有的一种能够控制产品的质量、价格和销售等，进而可以减少甚至消除竞争的力量或地位。这种市场支配地位可以使企业不受市场竞争的制约的行为；此外，还可能使企业有能力削弱甚至清除现有的竞争者，或阻止潜在竞争者进入市场等，这对竞争都是一种威胁。所以无论拥有市场支配地位的企业是否采取了限制甚至消除竞争的行为，它都是竞争法重点监控的对象。

在竞争法的理论上，对于如何具体界定市场支配地位，曾提出过市场绩效标准、市场行为标准及市场结构标准。但各国普遍主要采用的还是市场结构标准，即在认定一个企业是否具有市场支配地位的时候，企业市场份额被视为最重要的标准。[①] 根据各国的实际做法，确定市场支配地位，一般来说，首先要界定相关市场，这是确定支配地位的前提；然后要认定市场份额，这是认定是否存在支配地位的最重要的因素。此外，除了市场份额以外，还要考察其他因素。企业所拥有的资金、技术资源，企业的规模和力量，其所拥有的销售网络与知识产权，都可能构成其他企业进入市场的障碍，则也使其拥有支配地位。

按照美国现行做法，若企业在相关市场上占有的份额达到75%左右甚至更多，则将被认为具有独占力量；市场份额介于50%~75%之间时，是否享有支配地位还须待其他证据予以证明，如市场结构、潜在对手等；若市场份额小于50%，则一般认为不具有市场支配力。

在欧洲，若市场份额不足50%时，也可能具有市场支配地位。此时，法院将会审查市场上其他竞争对手的市场份额并进行比较。例如，United Brands 一案中，涉嫌企业具有40%~45%的市场份额，而最接近的竞争对手只有16%的市场份额，悬殊颇大，因而前者被认定为具有支配地位。

[①] 王晓晔. 欧共体竞争法 [M]. 北京：中国法制出版社，2001：230－237.

当然，欧美法院一致认为，以上市场份额标准并非在所有案件中都是通用的规则，它只是在证明市场结构时的一份重要证据，其标准将随着不同时间、不同地域、不同行业而有所差异。

我国《反垄断法》也对市场支配地位推定制度及其适用原则作了规定。该法第十九条第一款规定，有下列情形之一的，可以推定经营者具有市场支配地位：（一）一个经营者在相关市场的市场份额达到二分之一的；（二）两个经营者在相关市场的市场份额合计达到三分之二的；（三）三个经营者在相关市场的市场份额合计达到四分之三的。该条第二款规定，有前款第二项、第三项规定的情形，其中有的经营者市场份额不足十分之一的，不应当推定该经营者具有市场支配地位。其又被称作微量不计原则。

二、相关市场

经合组织曾经指出："任何类型的竞争分析的出发点都是'相关市场'的界定。"无论刚刚所提及的市场支配地位的认定，还是反竞争的卡特尔协议或者购并行为，都涉及相关市场的界定，并且界定相关市场对有关市场状态或者行为的认定具有十分重要的意义。由此可见，在对竞争问题的分析中，相关市场界定通常是首要的，也往往是最重要的。对任何特定行为的竞争意义的所有计算、测定和判断，往往都取决于相关市场的大小和结构。所以，无论是美国还是欧共体，都对界定相关市场赋予了重要意义。

我国的立法也同样表达了对于相关市场的重视。在 2009 年

《国务院反垄断委员会关于相关市场界定的指南》第二条中非常明确地指出了界定相关市场的作用:"任何竞争行为(包括具有或可能具有排除、限制竞争效果的行为)均发生在一定的市场范围内。界定相关市场就是明确经营者竞争的市场范围。在禁止经营者达成垄断协议、禁止经营者滥用市场支配地位、控制具有或者可能具有排除、限制竞争效果的经营者集中等反垄断执法工作中,均可能涉及相关市场的界定问题。科学合理地界定相关市场,对识别竞争者和潜在竞争者、判定经营者市场份额和市场集中度、认定经营者的市场地位、分析经营者的行为对市场竞争的影响、判断经营者行为是否违法以及在违法情况下需承担的法律责任等关键问题,具有重要的作用。因此,相关市场的界定通常是对竞争行为进行分析的起点,是反垄断执法工作的重要步骤。"

《国务院反垄断委员会关于相关市场界定的指南》还明确了相关市场的含义,第三条规定:"相关市场是指经营者在一定时期内就特定商品或者服务(以下统称商品)进行竞争的商品范围和地域范围。在反垄断执法实践中,通常需要界定相关商品市场和相关地域市场。相关商品市场,是根据商品的特性、用途及价格等因素,由需求者认为具有较为紧密替代关系的一组或一类商品所构成的市场。这些商品表现出较强的竞争关系,在反垄断执法中可以作为经营者进行竞争的商品范围。相关地域市场,是指需求者获取具有较为紧密替代关系的商品的地理区域。这些地域表现出较强的竞争关系,在反垄断执法中可以作为经营者进行竞争的地域范围。当生产周期、使用期限、季节性、流行时尚性或知识产权保护期限等已构成商品不可忽视的特征时，界定相关市场还应考虑时间性。在技术贸易、许可协议等涉及知识产权的反垄断执法工作中，可能还需要界定相关技术市场，考虑知识产权、创新等因素的影响。"

所以，一般来说，相关市场就是指经营者在一定时期内就一定商品而展开竞争的领域，包括相关产品市场、相关地理市场和相关时间市场。竞争法上的相关市场大多要从产品、地域以及时间这三个要素进行界定，即要分别界定产品市场、地理市场和时间市场。

（1）相关产品市场。界定相关的产品市场时，要考虑两个因素：一是产品的替代性；二是交叉弹性。替代产品，也就是处于统一竞争关系之中的具有互换性的产品。从需求层面看，替代产品既可以是指品质上的替代性，也可以是指用途上的替代性；从供给层面看，生产技术转换的可行性和所需时间，以及潜在生产者进入市场可能生产的数量多寡，都是考察厂商供给替代的可能性因素。而经济学中交叉弹性是认定替代产品的又一方法。如果相对较小的价格变化就会引起需求的较大转移，那么就被认为具有较大的需求交叉弹性，两种产品就被认为属于同一市场的一部分。1978 年的 United Brand 案件就是一个具有代表性的案例。美国 UBC 是当时世界上最大的香蕉生产销售企业。EU 委员会认为其在欧洲市场上滥用支配地位而对其做出禁止的规定。UBC 公司向欧洲法院提起了行政诉讼。双方对划定商品市场的标准成为了争论的焦点。EU 委员会依据存在着幼儿、牙弱的老人以及病人等对香蕉的特殊消费群体，坚持将香蕉单独划为一个"商品市场"；而 UBC 则主张，与该商品市场相关的商品应包括苹果、橘子等水果。欧洲法院认为，尽管存在橘子上市季节香蕉价格回落的证据，但香蕉同橘子之间不可能相互替换，而且苹果也仅仅在有限的范围内才具有同香蕉相互替换的可能性。香蕉具有的自身物理特性是其他水果无法取代的。因此，香蕉被单独划为一个"商品市场"。

（2）相关地理市场。相关地理市场是指一种产品与相同产品或其他所有替代产品进行竞争的地理区域。只有在相关的地理市场上，相关产品才能展开竞争，才谈得上某一企业居于市场支配地位。相关地理市场作为反垄断法上的概念，其标准是市场竞争条件的一致性。市场竞争条件，包括与买方或卖方相联系的一切因素，以及与产品运输相联系的各种限制性因素。影响地理市场范围的因素主要是运输成本和产品特性。

（3）相关时间市场。相关市场在确定了产品市场和地理市场的范围后，则涉及市场的时间性问题。任何相关市场都是相对存在的，具有时间性。在某些情况下，可能因为季节、时尚或一些技术原因，某段时间或者某一确定的日期对产品的销售具有决定性的意义。比如特定节日、知识产权的有效期、产品的生产周期、产品的使用期限，等等。

三、市场份额

"所谓市场份额，是特定企业的营业额在相关市场总营业额中所占的比重。"[①] 正如 OECD 所界定的，市场份额是"根据企业总产量、销售量或者能力的比例，对该企业在一个行业或者市场中的相对规模的测定方式。市场份额是研究市场结构的一

① 许光耀. 欧共体竞争法研究 [M]. 北京：法律出版社，2002：200.

个重要因素，它显示厂商对市场控制的程度有多大，通常对厂商成功程度具有决定性作用，所以保持市场份额是寡头垄断市场结构中厂商的一个重要目标。①除利润以外，企业经常追求的经营目标就是增加市场份额。但是高的市场份额，并不意味着高的利润，很多企业在市场份额数量扩大的过程中，虽然销售增长导致了生产成本下降，但用于扩大市场份额数量的费用增长远远快于生产成本的下降，再加上竞争使价格下降，单位产品盈利快速下降，最后反而使企业产品的盈利能力下降。扩大市场份额数量的费用快速增长的原因主要有：一方面是由于在市场扩大过程中，增加的营销管理人员因缺乏经验或缺少培训或素质不高，致使费用失控；另一方面是由竞争者的强烈反应所引起的费用增长。企业扩大市场份额数量的行动必然使竞争者采取相应的行动，最常见的就是企业加大广告投入，竞争者也会加大广告投入，企业降低价格，竞争者也会降低价格，甚至比企业降得更厉害。结果是企业花了很大的代价，销售并未显著增长或销售量增长了且市场份额也扩大了，但盈利却下降了。事实上，企业产品盈利能力受到很多因素的影响，除了市场份额数量大小之外，还包括行业竞争的激烈程度、行业平均盈利水平、企业管理能力、市场份额质量等因素。市场份额的数量只是影响企业产品盈利能力的因素之一。

但无论怎样，在市场经济中，市场份额、利润和规模经济常常是密切相关的。高的市场份额可能给予企业市场力量。前

①　胡代光，高鸿业. 西方经济学大辞典［M］. 北京：经济科学出版社，2000：996.

面我们在相关市场中的讨论中已经提到，市场份额是确定市场支配地位的重要因素。因为，市场份额在很大程度上表现了企业的经济实力和市场竞争力，而且随着市场份额的提高，其也提高了企业滥用市场优势的可能性。因此，许多国家的反垄断法都将市场份额作为判断企业市场地位的标准。而且市场份额的计算对控制企业的合并也具有重要的意义。

对市场份额的统计应当建立在分析该市场上所有企业的总产量、总销售量或者总销售额和具体企业的个别产量、个别销量或者个别销售额的基础上。市场份额通常是，被告在相关市场上的销售额除以该市场的总销售额，再乘以百分之百所得出的百分比。按照美国现行标准，如果市场份额在 75% 左右或者更多，被告就被认为具有独占力量。通过运用该标准，法院裁决在相关市场上拥有 75% ~ 100% 的销售额企业为独占者。① 欧共体委员会于 1999 年的第 2790 号条例中也确立了在规制纵向协议中计算市场份额应当掌握的原则：第一，应当根据上一年度的数据计算市场份额；第二，应当包括出于销售目的提供给全部销售商的所有商品或者服务；而且除了规定豁免的情形外，一般情况下，如果拥有超过 35% 的市场份额就会被认为限制了竞争。这个 35% 的市场份额标准对我国竞争法具有积极的借鉴意义。② 因为，我国正处于计划经济向市场经济转型时期，与美国等具有竞争传统的市场不同，市场中缺乏充分而激烈的竞争，

① 孔祥俊. 反垄断法原理 [M]. 北京：中国法制出版社，2001：530.

② 王晓晔. 欧共体竞争法 [M]. 北京：中国法制出版社，2001：157 - 158，173 - 174.

过高的市场份额对于市场竞争是极大的阻碍，所以，美国75%～100%的标准并不符合我国的实际情况。此外，我国幅员辽阔、小企业众多，在全国范围内占20%市场份额的企业也许就能够对市场竞争产生显著的影响。但是，我国大多数行业都没有形成规模经济，生产水平较低，为了推动规模经济的形成，我们应该努力提高各行业的集中度。特别是在一些规模经济比较显著的生产部门，如汽车行业和一些重要的原材料生产行业。因此，在我国将取得35%的市场份额作为判定企业拥有市场支配地位的标准是合理和可行的。

第四节 典型案例

一、1992年雀巢和巴黎公司（Nestle & Perrier）案[1]

1992年，瑞士雀巢公司准备取得法国Perrier公司的股份。对于这一集中计划，欧共体委员会认为其存在着将会影响共同体市场的重大嫌疑，因而依据欧共体企业集中规则第6条第1款第C项的规定，决定对其启动审查程序。在对该案的审理中，有关"产品市场"的界定问题，成为争议焦点之一。其中雀巢公司主张：由于具有解除喉咙干渴这一基本功能的并非只有矿泉水，因而应将包括清凉饮料在内的所有非酒精饮料划定为一个"产品市场"。对此，欧共体委员会则以下列理由驳回了雀巢

---

[1] 时建中. 反垄断法——法典释评与学理探源 [M]. 北京：中国人民大学出版社. 2008：145.

公司的主张，并将矿泉水单独划定为一个"产品市场"。

第一，从需求角度看，矿泉水同清凉饮料有区别：一是矿泉水具有自然食品和健康食品的象征，因而被人们购买和定期消费，特别是在法国；二是与清凉饮料不同，矿泉水被用于促进新陈代谢、补给矿物质的成分以及维持健康这些目的，因此其两者之间的产品构成、品位和使用目的均有所不同，两者之间不存在充分的替代性；三是在两者之间存在价格差，其中矿泉水的出厂价格为每瓶（1.5 升）2.49 法郎至 2.56 法郎，而同样规格的每瓶清凉饮料，其价格却在 6.10 法郎至 8.76 法郎之间，两者的价格差为 2 ~ 3 倍，而且矿泉水对价格变化的反应也比较弱，在过去 5 年间尽管清凉饮料的价格呈现降低的趋势，但矿泉水的价格和需求量却呈现攀升的趋势，因此需求弹性很小；四是零售业者认为两者分别为不同的个别市场。

第二，从供给者的角度看，二者亦有区别。一是矿泉水的生产和销售，受到法律上的限制，即矿泉水的生产需要得到认可，在此基础上将从泉源吸收的水作为矿泉水来表示，其成分和品质必须满足一定的法律条件，并且需要得到管辖当局的认可。而要得到这些认可，从提出申请到获得批准通常需 2 ~ 5 年的时间。另外，矿泉水必须在泉源地装瓶，对于每种矿泉水还必须贴上注册商标才能进行销售。二是生产者对矿泉水和清凉饮料还采取明显不同的价格策略。三是清凉饮料的生产者将其生产设备转换用于生产矿泉水事实上是不可能的，也就是说二者不具有供给的替代可能性。

二、北京首起反垄断诉讼案宣判界定"相关市场"概念①

据中国法院网报道，2009 年 12 月 18 日上午，北京市第一中级人民法院公开开庭宣判了原告唐山市人人信息服务有限公司（简称唐山人人公司）诉被告北京百度网讯科技有限公司（简称百度公司）垄断纠纷案，判决驳回原告唐山市人人信息服务有限公司的诉讼请求。本案是《反垄断法》正式实施后北京法院做出判决的第一起案件。本案的裁判不仅给出了"相关市场"和"市场支配地位"的界定方法，而且对如何认定"滥用市场支配地位的行为"进行了有益探索，因而有着深远的意义。

原告唐山人人公司诉称，由于其降低了对百度搜索竞价排名的投入，被告即对全民医药网在自然排名结果中进行了全面屏蔽，从而导致了全民医药网访问量的大幅度降低。而被告这种利用其在中国搜索引擎市场的支配地位对原告网站进行屏蔽的行为，违反了我国《反垄断法》的规定，构成滥用市场支配地位强迫原告进行竞价排名交易的行为。故请求法院判令被告赔偿原告经济损失 1 106 000 元，解除对全民医药网的屏蔽并恢复全面收录。

被告百度公司辩称，被告确实对原告所拥有的全民医药网采取了减少收录的措施，实施该措施的原因是原告的网站设置了大量垃圾外链，搜索引擎自动对其进行了作弊处罚。但是，该项处罚措施针对的仅仅是百度搜索中的自然排名结果，与原

---

① 周波. 北京首起反垄断诉讼案宣判界定"相关市场"概念［EB/OL］.（2009－12－18）［2013－11－03］http：//news. xinhuanet. com/legal/2009－12/18/content_ 12667485_ 1. htm.

告所称的竞价排名的投入毫无关系，亦不会影响原告竞价排名的结果。其次，原告称被告具有《反垄断法》所称的市场支配地位缺乏事实依据。被告提供的搜索引擎服务对于广大网民来说是免费的，故与搜索引擎有关的服务不能构成《反垄断法》所称的相关市场。因此，请求人民法院判决驳回原告的诉讼请求。

法院经审理认为，首先，认定经营者是否具有市场支配地位，原则上应当根据《反垄断法》第十八条所规定的市场份额、竞争状况、控制销售市场和原材料市场的能力等因素进行判断。当然，在经营者的市场份额能够予以准确确定的情况下，也可以根据《反垄断法》第十九条的规定进行市场支配地位的推定。但当反垄断民事诉讼中的原告选择适用上述推定条款来证明被告具有市场支配地位时，应当就其对被告市场份额的计算或者证明方式提供充分的证据予以支持。本案中的相关市场是中国搜索引擎服务市场，原告仅提交了两篇有关被告市场地位的新闻报道，未提供具体的计算方式、方法及有关基础性数据的证据能够使法院确信该市场份额的确定源于科学、客观的分析，因此原告未能举证证明被告在"中国搜索引擎服务市场"中占据了支配地位。

其次，《反垄断法》并不禁止企业通过自身的发展形成规模经济，从而占据一定的市场支配地位，《反垄断法》禁止的是占据市场支配地位的企业所实施的、能够影响市场结构、破坏市场竞争秩序的行为和措施。如果经营者所实施的行为具有正当理由，也没有产生破坏市场竞争秩序的后果，即不构成《反垄断法》所禁止的滥用行为。本案中，被告虽然对全民医药网的自然排名结果实施了减少收录数量的技术措施，但其行为是对全民医药网存在"垃圾外链"行为进行的处罚。被告在其网站的相关页面上向社会公众公布了百度搜索引擎的算法规则及针对作弊行为的处罚方式，原告完全有途径了解百度搜索反对网站设置"垃圾外链"的行为，并会对这种行为实施处罚。而且，其处罚措施针对的是所有设置了"垃圾外链"的被搜索网站而非单独指向全民医药网。庭审过程中，原告也承认其经营的全民医药网确实存在"垃圾外链"。上述反作弊机制的实施是为了使搜索结果更为真实和可靠，从而保证广大搜索引擎用户的利益，同时，现有证据亦无法证明被告采取的上述措施对原告而言存在歧视性或者胁迫性，故被告基于全民医药网存在大量"垃圾外链"的事实而对其实施了减少自然排名部分收录数量的技术措施是正当的，不构成滥用市场支配地位的行为。

综上，原告既未能举证证明被告在"中国搜索引擎服务市场"中占据了支配地位，也未能证明被告存在滥用市场支配地位的行为，其诉讼请求缺乏事实与法律依据，法院依据《民事诉讼法》第六十四条、《反垄断法》第十七条第（四）项及第五十条之规定，判决驳回了原告的全部诉讼请求。

宣判后，双方当事人未当庭表示是否上诉。

宣判结束后，该案承办法官佟姝接受了记者采访，并针对"相关市场"概念、为何没有认定百度具有中国搜索引擎市场支配地位等问题回答了记者提问。

对于记者提出的"相关市场"概念问题，佟姝法官回答道，相关市场是《反垄断法》中一个非常重要和基础性的概念，在对任何垄断行为进行讨论之前，都要首先定义"相关市场"。这里的"相关市场"与我们通常所说的包含形形色色各类商品和服务的"市场"不是同一个概念,"相关市场"是指经营者在一定时期内就某种商品或者服务进行竞争的范围,在这一范围之内,经营者提供的商品或者服务具有替代性,并存在着竞争关系。

对于判决中没有认定百度具有"中国搜索引擎市场"支配地位的原因,佟姝法官解释说,本案中原告对被告是否具有市场支配地位负有举证责任,而根据原告所提供的证据来看,其不具有证明被告具有市场支配地位的证明力,所以对百度在本案中是否具有市场支配地位认定的基础是原告所提供的证据。此外,公众所提到的"使用率高""知名度高"等概念与《反垄断法》所称的"市场支配地位"不是一个概念,后者一般要通过严密的经济分析的过程才能够予以确定。

佟姝法官还就此案与其他正在审理的反垄断案件相比,所具有的特殊之处进行了说明。她表示本案的特殊之处在于承办法官在案件的审理过程中要面临法律与技术的双重挑战,在对《反垄断法》中相关法律问题进行研究的同时,还要对案件当中所涉及的与互联网技术有关的,比如搜索引擎的工作机制问题、反作弊措施的实施等问题进行分析,法律问题与技术问题的密切结合是本案中的亮点,当然也在一定程度上增加了案件的审理难度。

三、利乐公司滥用市场支配地位案①

2003 年,国家工商总局公平交易局反垄断处历时一年调研

---

① 时建中. 反垄断法——法典释评与学理探源 [M]. 北京:中国人民大学出版社,2008:237.

形成的《在华跨国公司限制竞争行为表现及对策》中指出："利乐公司是全球最大的软包装供应商，控制全球 75% 的软包装市场份额。在中国，利乐公司控制了 95% 的无菌纸包装市场，占绝对垄断地位。伊利、光明、三元等国内乳业巨头都使用利乐的无菌灌装生产线及相应的包装材料。"该报告的出台使利乐公司成为媒体和业界关注的焦点。瑞典利乐公司（Tetra Pak）是全球最大的软包装供应商，掌控着全球 75% 的软包装市场份额。利乐公司 1979 年向中国广东佛山售出首台"砖形纸盒无菌灌装机"，从此开始不断加快在中国的发展速度，并从单一出售灌装机扩大到延伸产品，包括包装材料以及零部件供应等领域。该公司至今已在中国销售出千余台无菌灌装机，取得中国无菌灌装机市场 95% 的份额。利乐公司在中国的发展可分为两个阶段：第一个阶段是从 20 世纪 70 年代末至 90 年代前期，该公司以无菌灌装机销售为其主要盈利模式；第二个阶段是从 20 世纪 90 年代中期起，该公司在中国建立了包装材料工厂后，逐渐转化到包装材料领域。利乐公司在销售过程中采取了其他一些手段，包括：以停止、限制供应灌装机零部件相威胁，迫使客户不敢向其他竞争对手订购物美价廉的包装材料等，如在无菌枕包灌装机上采取分期付款，但付的不是钱，而是未来几年订购额定数量的包装耗材的承诺，拴住了客户未来若干年的耗材生意。有关客户如果在此期间尝试性地使用了别人的包装耗材，就会遭到没收并拉走设备或者不提供维修配件、技术服务的暗示，迫使客户企业别无选择地使用"利乐包"。据利乐公司解释，"设备捆绑材料"是出于保证包装质量和稳定性的需要，这也是有一定道理的，因为一般在出售机器或设备的时候，特别是在出售高科技产品的时候，卖家为了加强产品使用安全、寿命，提高企业的信誉和商品的声誉，要求买家购买他们提供的零部件或者辅助材料也是合理的。如果两个商品同时销售符合商业习惯，一般就不认为构成搭售。利乐的纸质材料上有一种标识密码，利乐公司灌装机上的电脑只有识别这个密码之后才能工作，用其他公司的包装纸灌装机就不工作，上述技术也是利乐公司的专利。由于利乐公司没有上市，因而它不需要公开营业数字，很少有人知道它确切的财务情况，但市场估计，利乐公司的利润率会在20%左右，这比某些竞争对手的利润率要高几倍，例如，挪威的 Elopak 公司在2001年大约为6.5%，SIGCombibloc 公司约为12%。制造无菌包装机需要复杂的技术，长期以来国内企业没有一家有能力生产此设备，直至2003年，泉林集团进军无菌包装市场，投入巨资开发出具有自主知识产权的枕包原纸技术，研发出国内第一代单头高速无菌灌装机。

利乐公司是否构成滥用市场支配地位行为的关键是认定其是否占有市场支配地位。相关市场的界定是需要解决的第一个问题，由于无菌包装相对于其他包装方式的优势，其可以独立构成相关市场，而无菌灌装机与无菌包装材料的用途具有明显区别，因此两者应分别构成独立相关市场。利乐公司在无菌灌装机市场占有95%的市场占有率是其占有市场支配地位的初步证明；从经营者控制销售市场或者原材料采购市场的能力看，由于无菌灌装机技术含量高、生产厂家少，利乐公司远高于其他竞争对手的利润水平说明其具有较强的财力，而且利乐公司作为国际无菌包装市场的领军企业，其技术条件相比其他竞争者有很强的优势；从其他经营者进入相关市场的难易程度来看，由于无菌灌装机技术水平较高，开发难度较大，市场门槛较高，我国相关企业直到 2003 年才完成技术开发即是证明。综上所述，利乐公司在无菌灌装机市场占有市场支配地位，而利乐公司采取的设备和材料捆绑销售的方式也缺乏正当理由，构成滥用市场支配地位行为，应予以禁止。

第三章 竞 争

第一节 竞争概念的界定

竞争是一个古老的概念。我国《庄子·齐物论》中就提到了"有竞有争"。郭象对此注曰："并逐曰竞，对辩曰争。"《辞海》和《汉语大辞典》则将其解释为互相争胜。所以竞争的一般含义就是互不相让，压倒对方，取得胜利。

一、学理

（一）经济学对竞争的界定

"竞争在经济学中占有如此重要的地位，以至于难以想象经济学没有它还能是一门社会科学。"哈罗德·德姆塞茨（Harold Demsetz）① 在《竞争的经济、法律和政治维度》一书的开篇就曾这样写道。事实上，"政治经济学是经由竞争才具有了科学的

---

① ［美］哈罗德·德姆塞茨. 竞争的经济、法律和政治维度 ［M］. 陈郁，译. 上海：上海三联书店，1992：1－2.

性质"，离开了竞争，经济学只能无奈地在鲁宾逊·克鲁索的世界中漫游。① 可见，竞争这一范畴对经济学来说是至关重要的。

虽然在经济学中，竞争一直是个重要范畴，但它也一直没有一个严格而完整的定义。乔治·施蒂格勒（George Stigler）认为："竞争系个人（或集团或国家）间的角逐；凡两方或多方力图取得并非各方均能获得的某些东西时，就会有竞争。②" 德国学者迪特尔·格罗赛尔（Dieter Grosser）说："竞争的形式上的定义是，市场的参与者为了达成交易所作出的努力，而同一市场的其他参与者也进行着同样的努力。③" 而在美国的一种反托拉斯观点中，竞争被视为"一种很好地为消费者利益服务的状态，而不是只要一个极小的竞争对手被消灭就会受到削弱的一个对抗过程"④。然而，随着资本主义经济的发展，竞争的理论也在不断地发展着，其中影响比较大的主要有古典经济学派的自由竞争理论、新自由主义的完全竞争理论、垄断竞争理论、有效竞争理论、芝加哥学派的竞争理论以及可竞争理论。每一种具体的竞争理论都创立了一种竞争模式，不同的竞争定义也就存在于每一种具体的竞争模式之中。

---

① ［美］哈罗德·德姆塞茨. 竞争的经济、法律和政治维度 ［M］. 陈郁，译. 上海：上海三联书店，1992：1 - 2.

② 约翰·伊特韦尔，默里·米尔盖特，彼得·纽曼. 新帕尔格雷夫经济学大辞典（第 1 卷）［M］. 陈岱孙，等译. 北京：经济科学出版社，1992：577.

③ ［德］迪特尔·格罗赛尔. 德意志联邦共和国经济政策及实践 ［M］. 晏小宝，等译. 上海：上海翻译出版公司，1992：46.

④ ［美］理查德·A. 波斯纳. 反托拉斯法 ［M］. 2 版. 孙秋宁，译. 北京：中国政法大学出版社，2003：31.

1. 自由竞争理论

当竞争概念经亚当·斯密（Adam Smith）及其前辈引入经济学时，它却未被明确定义，古典经济学家感到没有必要对竞争做精确定义，因为他们认为垄断是非常罕见的，只是自由竞争这种"正常状态"的一种偏离。以亚当·斯密为代表的古典经济学派的自由竞争理论认为，垄断是对个人自由的一种不能容忍的限制、干预，它阻碍经济的发展，导致社会福利损失。而自由竞争则是合乎规律性的经济现象，是经济发展的动力源泉，能够增加社会福利。在自由竞争中，"一只看不见的手"引导着经营者在追求个人利益的过程中最终走上有利于社会整体经济的发展轨道，其结果是导致整个社会的协调。因此，古典经济学认为，自由竞争的核心是保证私人经济主体在市场竞争过程中的自由，前提条件是要减少国家的干预，因为国家干预是竞争的最大敌人。我们应该看到，18世纪亚当·斯密关于竞争的理论，在竞争中找到了市场经济规律性和科学性的源泉，但是他未能揭示出竞争使个人利益与社会利益相协调的条件，一概否定了国家对社会经济生活的干预；而且也没有看到，自由竞争必然会导致私人垄断，对垄断的看法也过于偏激和片面，因此也未提出维持自由竞争、防止私人垄断的具体对策。

2. 完全竞争理论

最早对古典经济学派的自由竞争理论提出修改和解释的是新自由主义学派的"完全竞争"理论。完全竞争概念的发展始于法国经济学家古诺（Cournot）。完全竞争理论竭力要说明竞争的作用：在竞争过程后到达极限。在这个理论中所概念化的完全竞争状态是一个市场结构，在这个结构中，任何单个的购买者和销售者都不能依凭其购买和销售来影响价格。①

　　而完全竞争理论是一种静态分析市场状态的竞争理论。这一理论把竞争看作市场过程最终结果的均衡状态。它主张在完全竞争的状态下，产品价格会达到平均成本的最低水平，从而实现最优的市场供应和资源配置。这种完全竞争的市场，谁也不能影响价格的高低。但是，这种完全竞争的市场，需要一系列前提条件：第一，产品的同质性；第二，无须成本的资源流动；第三，市场上必须有大量的买者和卖者，任何人占据的市场份额都是微不足道的，均无力影响产品的价格；第四，产品的可分性，即消除了竞争市场中潜在的进入壁垒；第五，买卖双方均具有完备的市场信息。② 不难看出，完全竞争理论只是一种设想，仅存在于经济学的书本上。因为以上的若干前提，在客观上是不可能同时具备的，因而完全竞争不过是一种无法实现的空想罢了。

　　3. 垄断竞争理论

　　垄断竞争理论是由英国经济学家罗宾逊夫人（Mrs. Rebinson）和美国经济学家张伯伦（Chamberlin）首先提出的。该理论认为，完全竞争是不存在的，现实中存在的是一个垄断的或有着垄断因素的竞争。"'垄断'与'竞争'这两种力量不仅不

---

　　① ［美］乔治·斯蒂格勒. 价格理论［M］. 施仁，译. 北京：北京经济学院出版社，1990：87.

　　② ［美］K. 克拉克森，R. 米勒. 产业组织：理论、证据和公共政策［M］. 华东化工学院经济发展研究所，译. 上海：上海三联书店，1989：164.

是相互排斥，而且还常常必须两者同在，才能把价格解释明白。"① 这一理论与完全竞争理论相比，就在于它反映了市场的真实情况，比较接近现实市场竞争的客观实际。但是这个理论缺陷是，它仍然未能走出静态研究的圈子，仍然不能为经济发展提供一个可以追求的目标，仍然把完全竞争以及减少不完全竞争的范围和程度作为国家所追求的市场模式，仅仅是对完全竞争理论有限的发展和局部的修正。

4. 有效竞争理论

直到熊彼特（Joseph Alois Schumpter）创新与动态竞争理论的提出，才开始抛弃把完全竞争看作现实或理想的竞争模式的教条，不再机械地把竞争视为一种静止的最终状态，而是把它看作一个自始至终动态变化的过程。他强调垄断企业在创新中的巨大作用，现代大企业会把建立一个研究部门当作首先要做的事，"其间每个成员都懂得他的面包和黄油取决于他所发明的改进方法的成功"。技术进步与大企业经营规模存在必然联系，即大企业能够实现技术进步。所以，大企业"已成为那种进步最强有力的机器，特别是成为总产量长期扩展的机器"。② 这一结论，被称为"熊彼特假定"。

在熊彼特创新与动态竞争理论的影响下，1940 年 6 月，美国经济学家克拉克（Clark）最早提出了有效竞争理论，其在后来得到了系统性的发展。该理论认为，如果一种竞争在经济上

---

① ［英］张伯伦. 垄断竞争理论 ［M］. 郭家麟，译. 北京：生活·读书·新知三联书店，1958：56.
② ［美］J. A. 熊彼特. 资本主义、社会主义与民主主义 ［M］. 绛枫，译. 北京：商务印书馆，1979：121，133－134.

是有益的，而且根据市场的现实条件又是可以实现的，那么这种竞争就是有效竞争，它是由"突进行动"和"追踪反映"这两个阶段构成的一个无止境的动态过程的竞争，其前提是竞争因素的不完全性，其结构是实现了技术进步与创新。有效竞争理论的提出在竞争理论史上是一个决定性的转折，因为在此之前，人们只是按照完全竞争的模式被动地寻求改造现实市场结构的方案。克拉克的有效竞争理论正是从完善竞争理论的难题出发的：如果市场结构真像完全竞争理论设想的那样，长期下来，竞争就不能激发人们的积极性和进取心，从而也不可能推动经济的发展。而要通过竞争实现经济和技术进步，就不可避免地会出现垄断和限制竞争的行为。克拉克认为，经济进步必须和垄断因素相联系，从而必须在竞争自由和经济进步的冲突中决定哪个目标占优先地位。克拉克虽然提出了市场不完全因素或垄断因素是必要的、合理的，但哪些是不完全因素以及在什么程度上是合理的、符合有效竞争要求的，却没有给予明确的回答。

在克拉克有效竞争理论的影响下，在20世纪50年代，美国以梅森、贝恩为代表的哈佛学派最终形成了产业组织学派的有效竞争理论。按照梅森的观点，所谓可行或者有效竞争就是能够保证和促进经济增长与技术进步的竞争，这种竞争的基本特征就是偏离完全竞争的均衡模式。该理论并不仅仅着眼于市场与竞争的理论模式，而是更重视产业市场中企业垄断、竞争及规模经济的矛盾关系，提出了产业内评价企业现实市场关系的方法，并由此提出了评价市场有效竞争的市场结构、市场行为和市场效率三个标准。① 产业组织学派重点研究市场结构，主张为了保持有效竞争，获得令人满意的市场结果，必须运用竞争政策对市场结构和市场行为进行干预、调节。在20世纪60年代末，有效竞争理论被德国的康森巴赫（F. Kantzenbach）引入到德国，并在此基础上提出了"最优竞争强度"的理论。②

在克拉克之后，许多经济学家都写了关于有效竞争的最低标准的论文。史蒂芬·索斯尼克（Stephen Sosnick）评论了20世纪50年代末之前的所有文献，概括了有效竞争的15个最低标准。其包括：结构标准——①不存在进入和流动的人为限制；②存在对上市产品质量差异的价格敏感性；③交易者的数量符合规模经济的要求。行为标准——④厂商之间不互相勾结；⑤厂商不使用排外的、掠夺性的或高压性手段；⑥在推销时不搞欺诈；⑦不存在"有害的"价格歧视；⑧对抗者对其他人是否会追随他们的价格变动没有完备的信息。绩效标准——⑨利润水平刚好足以酬报创新、效率和投资；⑩质量和产量随消费者需求而变化；⑪厂商尽其努力引进技术上更优的新产品和新生产流程；⑫没有"过度"的销售开支；⑬每个厂商的生产过程都是有效率的；⑭最好地满足消费者需求的卖者得到最多的报酬；⑮价格变化不会加剧周期的不稳定。③ 这些标准可以作为

① 毛林根. 产业经济学［M］. 上海：上海人民出版社，1996：15.

② 陈秀山. 现代竞争理论与竞争政策［M］. 北京：商务印书馆，1997：67–75.

③ ［美］K. 克拉克森，R. 米勒. 产业组织：理论、证据和公共政策［M］. 华东化工学院经济发展研究所，译. 上海：上海三联书店，1989：170.

竞争是否出现的信号，在这个意义上它们可以作为政策指南，并作为判定有效竞争的依据。

5. 芝加哥学派的竞争理论

芝加哥学派是美国 20 世纪 70 年代发展起来的学派，其主要代表人物是博克（Bork）和波斯纳（Richard Allen Posner）。该学派不承认有效竞争理论和哈佛学派关于市场结构、市场行为、市场效率之间关系的理论，认为这种方案是把市场竞争的过程视为市场结构的作用，而在生气勃勃的市场竞争过程中，市场结构实际上处于随时准备变化的状态。要评价市场上的竞争是否有效，应当考虑市场和企业的具体条件。主张竞争的唯一目标是保证消费者福利最大化，竭力反对政府对市场结构的各种干预，而应该将重点放在市场行为上。

芝加哥学派提出的是一个完美的、主张自由市场而主要反对政府干预的反托拉斯政策。他们过于简单化地竭力相信市场比人们原来想象的更有活力，并且总是能自我协调而达到竞争状态。另外，有效率的竞争要求有更多小公司，而不是以前我们在许多例子中认为的三个就足矣。即使竞争不够，任何垄断价格的尝试也将会被新的进入者所破坏，而在一个有效率的资本市场这样新的进入几乎总在发生。最后，市场完全可以自我行动，政府几乎没有干预的必要。通常，法院采用的反托拉斯修补法事实上使市场竞争更少而不是更多，或者为了竞争者的利益而损伤了消费者。因而，最好的反托拉斯政策是政府尽可能地少插手，只限制那些明显的固定价格或者市场划分。① 可以说，芝加哥学派的竞争理论在某种程度上是对自由竞争理论的回归，它突出了市场自身的巨大作用。但是它反对政府对市场结构的干预，这是脱离现实的，否认了市场结构与市场结果之间确实存在的稳定联系。而且它主张消费者福利最大化是竞争的唯一目标，排除了竞争机制的其他目标。

6. 可竞争市场理论

可竞争市场理论（Theory of Contestable Markets）是美国著名经济学家鲍莫尔（W. J. Baumol）以及帕恩查（J. C. Panzar）和韦利格（R. D. Willing）等人在芝加哥学派产业组织理论的基础上提出来的。该理论认为，所谓"可竞争市场"是指"一个具有进入绝对自由并且存在绝小的进入成本的市场"。可竞争市场理论的基本假设条件是：①企业进入和退出市场是完全自由的，相对于现有企业，潜在进入者在生产技术、产品质量、成本等方面不存在劣势；②潜在进入者能够根据现有企业的价格水平评价进入市场的盈利性；③潜在进入者能够采取"打了就跑"的策略，即它们具有快速进出市场的能力，更重要的是，它们在撤出市场时并不存在沉没成本。② 由于市场进出完全自由，潜在竞争者能轻易地进入市场，这种压力就会迫使任何市场上的经济主体采取竞争行为，就算在寡头市场甚至垄断市场上也同样如此。所以，潜在竞争就构成了"可竞争市场"

---

① Hovenkamp Herbert. Post-chicago antitrust: a review and critique [J]. Columbia business law review. Vol. 2001: 266.

② 沉没成本是指由于过去的决策已经发生了，而不能由现在或将来的任何决策改变的成本。

理论的基本出发点。按照"可竞争市场"理论，国家竞争政策的主要任务是，尽最大可能地消除市场限制，保持企业进入市场的绝对自由，并且不必为进入市场支付额外的成本。"沉没成本"分析构成了"可竞争市场"理论的竞争政策分析的核心，国家要运用各种可能的竞争政策措施促进潜在竞争，关键是设法降低"沉没成本"。①

可竞争理论的重要性在于它为探索许多产业组织和政府管制问题提供了一种分析工具。它考虑到决定市场结构的外部因素，突出了沉没成本的重要性，并强调了潜在竞争对促进产业效率的积极作用。但是，该理论对新企业进入市场后所采取的行为及其结果的一些假定，以及沉没成本为零的假设都是不符合实际的。②

（二）法学对竞争的界定

对于竞争这个总被人们议论的范畴，似乎很难找到一个公认的定义。对于竞争法理论中的竞争概念，学者们也是各持己见，不过基本上都是以经济学理论对竞争的界定为基础，只是侧重点有所不同。

法学界对于竞争的认识大体分为两类：一种观点认为法学上竞争的概念应是和经济学上的概念一致的，其以种明钊为代表。他认为："竞争是指市场经济条件下，商品生产经营者为实现自身经济利益最大化，而在投资、生产、销售、管理、技术、

---

① 陈秀山. 现代竞争理论与竞争政策［M］. 北京：商务印书馆，1997：94 – 97.

② 王俊豪. 对可竞争市场理论的评论［J］. 商业经济与管理，2001（4）：19 – 22.

服务、消费等诸方面，相互争逐的各种争胜行为。它促进资源的合理配置和社会经济的发展。……法学上的竞争概念从根本上来说，与经济学上的竞争定义是一致的，它是以经济学上的竞争概念为基础的。因为法律是统治阶级意志的反映，是根据一定阶级和社会的需求以及各国的具体国情，而对一定经济关系表现出来的具有强制性的规范。"①

另一种观点认为："竞争法是保护和调整经济竞争行为的，因此，竞争法中的竞争定义应当具有经济的和法律的双重属性。②"所以，很多学者从法学的角度对竞争法中的竞争进行了界定。

大部分学者把竞争看成是竞争者为了一定的目的而采取的各种手段，表现为行为或者其他形式。1907 年德国法学家罗伯（Lobe）在其著作中对竞争作过这样的解释：竞争是各方面通过一定的活动来施展自己的能力，为达到各方共同的目的而各自所作的努力，而且竞争行为仅存在于同类商品供应之间③。中国有许多学者也从这个角度对竞争进行了界定。孔祥俊认为"所谓竞争，实质上是指两个或两个以上的经营者在市场上以比较有利的价格、数量、质量或者其他条件争取交易机会的行为。④"杨紫烜认为："竞争是指有着不同经济利益的两个以上的经营

① 种明钊. 竞争法学 [M]. 北京：高等教育出版社，2002：5.
② 阮方民. 欧盟竞争法 [M]. 北京：中国政法大学出版社，1998：46.
③ 戴奎生，等. 竞争法研究 [M]. 北京：中国大百科全书出版社，1993：12.
④ 孔祥俊. 反不正当竞争法的适用与完善 [M]. 北京：法律出版社，1998：49.

者，为争取利益最大化，以其他利害人为对手，采用能够争取交易机会的商业策略、争取市场的行为。①"刘瑞复认为："法学上的经济竞争，是指两个以上的主体，各自为获得更多的市场势力而对一定的商品或劳务自由地进行生产、销售、购入活动，以及准备和补充活动。②"王艳林把竞争定义为："竞争就是商品生产经营者相互之间在市场运行中，争霸市场制导权，摄取社会剩余价值的活动，其实质是谋取有利的生存条件，以增强其经济实力，提高其经济效益，获得更大的发展"③。王源扩从法律调整的角度给经济竞争下了这样一个定义："经济竞争是指法律关系主体在市场上为自身利益排除业务对手的争夺而最大限度地争取客户和争取业务的行为。④"王晓晔认为："竞争就是市场主体为取得对自己最有利的合同条件而进行的努力。⑤"

还有学者把竞争看作是一种过程或状态。沈敏荣认为："竞争是市场主体的行为与市场结构相互影响、发展的动态过程。⑥"而在美国的一种反托拉斯观点中，竞争被视为："一种很好地为消费者利益服务的状态，而不是只要一个极小的竞争对手被消

---

① 杨紫煊. 经济法 [M]. 北京：北京大学出版社，1999：171.

② 刘瑞复. 经济法学原理 [M]. 北京大学出版社，2000：304.

③ 王艳林. 竞争法导论 [M]. 武汉：中国地质大学出版社，1991：1.

④ 王源扩，王先林. 经济效率与社会正义——经济法学专题研究 [M]. 合肥：安徽大学出版社，2001：151 – 152.

⑤ 王晓晔. 欧共体竞争法 [M]. 北京：中国法制出版社，2001：61.

⑥ 沈敏荣. 法律的不确定性——反垄断法规则分析 [M]. 北京：法律出版社，2001：12.

灭就会受到削弱的一个对抗过程。①"

从上述学者对竞争的理解可以看出，有的学者从竞争表现形式入手，把竞争看成是竞争者为了一定的目的而采取的各种手段，表现为行为、斗争、较量或活动；有的学者从整体上把握，认为竞争是一种过程或状态。但他们基本上都把市场经济作为竞争存在的前提条件，而且指出了竞争的目的性。

（三）社会学对竞争的界定

在整个自然界中，竞争贯穿于生物进化的全过程。生物学家达尔文在《生物进化论》一书中所揭示的"物竞天择，适者生存"规律，就是对生物界竞争的最好写照。达尔文的进化论学说不仅得到了公认并广为传播，而且对西方经济思想界产生了广泛而深远的影响。若将达尔文的观点运用于经济研究，那么，在市场经济中的竞争就应该是一种高度对抗、你死我活的竞争，只有最适合的实力强大的企业才能在市场中生存，弱者理应被淘汰。而无论采用什么样的手段，产生什么样的结果，都是合乎规律的。达尔文的竞争理论强调了竞争在进化发展中的根本作用，但过于狭隘，漠视了企业之间相互依存和协调的可能与必要；而且随着时代的发展，过度竞争使"经济发展进程从结构上受到损害"，还会带来"破坏性社会效果"，所以，必须用"新的全球世界发展条件与动力的目光对竞争进行重新审视，重新定义"。②

---

① ［美］理查德·A. 波斯纳. 反托拉斯法 ［M］. 2 版. 孙秋宁，译. 北京：中国政法大学出版社，2003：31.

② 里斯本小组. 竞争的极限 ［M］. 张世鹏，译. 北京：中央编译出版社，2000：144 – 156.

所以，作为社会学家的韦伯就将竞争定义为："一种'平和'的冲突，……最终它体现为试图获得对任何其他人也同样觊觎的机会和优势予以控制的一种形式上和平的尝试。"在另外一位社会学家齐美尔看来，竞争可以被看作是一种"非直接的冲突"形式。它不同于普通的冲突形式，因为它不是直接针对对手的。竞争是包含着"平行性的努力"。与尽力去消灭一个对手的那种努力不同，竞争者总是尽力去超越对手。① 与达尔文相比，社会学家眼中的竞争不再是一种激烈的对抗，呈现出比较温和的态势，更加富有社会合作和协调性。

（四）心理学与伦理学对竞争的界定

心理学认为竞争是社会的互动方式之一，与合作相对立，是指为了自己的利益和需要而同他人争胜。其起因除人们生理和社会需要的主观欲求和社会物质分布不均外，还须具备三个基本条件：须有共同争夺的目标；双方须是争夺同一对象；其中一方获得成功。竞争的心理特点为：不可代替性，即成员的行为不能互相代替；某成员的行动难以为其他参加者所接受；不具有"肯定诱导性"，即其他成员会试图防止而不是支持那些促使个体接近目标的行动。竞争双方通常用破坏法、宣扬法、改革法、创业法等手段以战胜对方，因而竞争对人们的心理和行为有很大的影响。②

而伦理学则认为竞争通常既可以指一种行为，也可指一种

---

① ［美］理查德·斯维德伯格. 作为一种社会结构的市场［J］. 吴苾婷，译. 人大复印资料·社会学，2003（5）：27.

② 时蓉华. 社会心理学词典［M］. 成都：四川人民出版社，1988：234.

机制。竞争行为是个体在一定规则的限制下争夺资源的行为；而竞争机制则是自然界和社会通过资源争夺的形式实现个体优胜劣汰的一种筛选过程，同时也是一种协调个体行为的机制。伦理学不但研究竞争行为是在什么样的规则下进行的，某些具体的竞争行为是否违背了这些规则，以及这些规则本身是否合理；也研究各种竞争机制本身的道德意义，也就是说，资源争夺行为和优胜劣汰机制的道德合理性依据是否充分，它们应当受到什么样的限制或平衡，在哪些社会生活领域中甚至根本就不能通过竞争的方式来分配资源和协调行动？如基本的生存权利和政治权利，是应当在任何时候都平等地分配，还是可以采取某种竞争机制来进行分配，等等。①

（五）小结

综上所述，竞争是一个内涵颇为丰富的概念：既有蕴含重大社会经济价值和广泛社会效益的经济学意义上的竞争，也有具有特定内涵和明确调整范围的法学意义上的竞争。竞争法中所研究的竞争要重点从竞争法的法律实践出发来考察各个学科中的竞争理论。

从经济学中竞争理论的演进可以看出，经济学家对竞争的认识经历了一个由理想到现实、由静态到动态，逐步客观、理性的过程。古典经济学派的自由竞争理论、新自由主义的完全竞争理论及垄断竞争理论都属于传统的静态竞争理论，它们所追求的仅仅是一种静止的竞争状态，而忽视了实际经济生活中竞争作为一种过程的动态性质，把技术进步、新产品和新市场

---

① 朱贻庭. 伦理学大辞典 [M]. 上海：上海辞书出版社，2002：134.

的开发、新的生产组织形式的变革等竞争的动态因素作为既定不变的外部数据，因此，它们只描述了竞争过程的最终状态，而不能阐明竞争过程如何实现技术进步和产品、市场以及生产组织形式的创新。从熊彼特的动态竞争理论到克拉克形成有效竞争理论，标志着传统静态竞争理论的结束、现代动态竞争理论的产生。他们认为竞争本身不是一个静止的最终状态，而是一个动态过程。竞争这种动态性质，推动了社会的技术进步与创新，对竞争模式和竞争政策的选择也由此确立了新的标准。①之后，可竞争理论还以发展的眼光，预见到了与现实竞争同样重要的一种竞争可能性——潜在竞争，并从沉没成本的角度分析了市场障碍的形成。此外，从自由竞争理论对垄断的忽略与完全否定，到垄断竞争理论对垄断的初步承认，再到熊彼特对垄断与创新存在必然联系的论证，经济学竞争理论中对竞争与垄断之间关系的界定也越来越清晰、客观。

经济学中的各种竞争理论，为竞争法提供了各种可供选择的理论模式，构成了现实竞争法的理论基础。社会学则从不同角度揭示了竞争的多维性，使我们对竞争的认识更加全面和深入。但竞争作为竞争法的基本范畴，直接关系到竞争法的制度设计，并进而影响社会现实经济生活，包括资源配置效率和消费者福利，等等，它不能也不应该背离社会经济现实。所以，竞争法中对竞争的认识应该要在全面考察分析社会经济现实中竞争的基础上，吸收各种竞争理论的合理内核。具体来说，第

---

① 陈秀山. 现代竞争理论与竞争政策 [M]. 北京：商务印书馆，1997：57.

一，我们要摒弃竞争的静态分析方法，应该把竞争看成是一个动态的活动和过程。竞争不仅仅是指现实市场上的竞争，还包括潜在竞争；不仅指相同产品之间的竞争，还包括替代产品之间的竞争；不仅表现为价格竞争，产品质量、售后服务、技术和组织制度创新等非价格竞争也是竞争的重要表现形式。第二，应辩证地看待垄断与竞争的相互关系。应重点打击利用市场支配地位损害竞争的垄断行为，对于垄断状态则要根据其对竞争的影响来具体分析，不能一概盲目否定。第三，竞争法除了要以竞争理论为基础外，还要考虑竞争的多维性及其他影响竞争的因素，不能一味地放任竞争。比如，在许多情况下，竞争法必须要考虑国家利益、经济稳定、管理秩序等政治因素，因而对公共事业、银行业、保险业等行业实行适用除外制度。此外，某些道德或者公理因素也影响着竞争政策。如多数国家的反垄断法允许律师、会计、医疗等职业适用自有的道德规则，并放弃价格竞争等。

二、各国及国际组织的立法

由于竞争的表现多样化且非常纷繁复杂，人们除了列举一些在产品价格、产品质量、生产数量等各方面为争取有利交易机会的行为外，很难给竞争下一个圆满的定义。因此，在竞争法上，只有少数国家和地区对"竞争"给出了明确的法律定义，而大多数国家和地区通常并不对其设立定义性规范。

经济合作与发展组织（OECD），在《竞争法的基本框架》中将竞争定义为一种过程："竞争——一种过程；在这一过程中，独立地行动于市场中的经济主体相互地限制着对方控制该市场中通行交易条件的能力。"《日本关于禁止私人垄断及确保公正交易的法律》第二条将竞争定义为："是指两个以上事业人在通常的事业活动范围内，且无需对该事业活动的设施或者形态加以重要变更而实施或能够实施下列行为的状态。"俄罗斯《关于竞争和在商品市场中限制垄断活动的法律》第四条则将竞争视为一种对抗："竞争是指经济实体之间的对抗；通过这种对抗，所有实体的自主行为相互限制了各实体在一特定商品市场中单方面影响一般商品流通条件的能力。"台湾地区的"公平交易法"第四条也给出了竞争的一般性定义："本法所称竞争，谓二以上事业在市场上以较有利之价格、数量、品质、服务或其他条件，争取交易机会之行为。"我国国家工商行政管理局在《对铁路运输部门强制为托运人提供保价运输服务是否排挤保险公司货物运输保险的公平竞争问题的答复》［工商公字（2000）第 96 号］中指出："竞争是指经营者争取交易机会的活动，竞争关系是指两个或者两个以上的经营者为争夺交易机会的相互排斥关系。"

由此，我们可以看到，立法上对竞争主要是从竞争的主体、范围、目的等方面予以规范，并做出明确的界定。

而在竞争法没有明文界定竞争含义的国家，可以由法院或者竞争执法当局运用经济学原理界定其含义。大多数国家都是采取了这种方法。如澳大利亚贸易行为法的注释者所说，尽管"竞争"的含义至关重要，但在"本法中实际上并未界定其含义。……它已经留给法院运用成熟的经济学原理，去界定该术语"。①

三、竞争的界定与要件

根据以上众多学者对竞争要领的论述和各国竞争立法中对竞争的界定。笔者认为，竞争法中所指称的竞争应是指经营者在市场经济活动中为了实现自身利益最大化，而争夺交易机会的活动。

理解竞争法中的竞争，首先要认识到它具有动态过程的性质。它的动态性主要体现在潜在竞争、非价格竞争、替代竞争等方面。潜在竞争会转变为现实的竞争，从而可能改变整个市场结构；技术进步等创新型非价格的竞争，从内部使单个竞争者的经济结构不断更新，进而影响整个竞争范式与规模；采用的产品替代性概念越广，那么整个市场的竞争性就越强，反之，则垄断性越强。在对市场结构、行为进行分析和把握时，不应拘泥于市场上传统的竞争形式，还应根据理论的发展和实际的变化考虑经济生活中各种竞争类型。其次，竞争并不都是有益的，不一定能合理配置资源，它自身也具有两面性，会恶性发展，走向不正当竞争，这是竞争法要严厉打击的。此外，竞争与垄断是一种相互对立、相互转化的矛盾辩证关系。通过自由竞争产生优胜劣汰，到最后必然会形成垄断。虽然，这种垄断状态并不一定总是无效率的，但是如果滥用了垄断力或者有足够的理由证明这种垄断状况严重阻碍了竞争，垄断就会反过来窒息竞争，阻碍生产力的发展，带来一系列经济的和社会的危

---

① 孔祥俊. 反垄断法原理 [M]. 北京：中国法制出版社，2001：252.

害。于是便为竞争法所规制。

这一概念应该具备以下几个基本要件。

（一）竞争存在的前提条件是市场。竞争法中的竞争是一个市场经济的特有范畴，只存在于市场经济的条件下。在客观上，由于商品交换和市场的出现，才有了竞争这一经济现象，并且随着商品交换和市场的发展而不断发展。以至于可以这样说，竞争是市场经济的产物，没有市场经济，也就不可能有竞争的存在。其他非市场领域的竞争不是竞争法所要涉及的。那么，为了保护竞争机制发挥作用的前提条件，竞争法就要尽量保持市场的开放性，并打击各种反竞争的市场行为。

（二）竞争的主体是同一相关市场上的经营者，包括现实的经营者和潜在的经营者。经营者是指从事商品经营或者营利服务的法人、其他经济组织和个人。人们曾经认为，只有在众多经营者实际进行竞争的情况下，市场才会是有效率的。而依据可竞争市场理论，竞争发生的现实可能性，即潜在竞争，对于经营者的行为具有与现实竞争相类似的影响。

（三）竞争的目的是实现商品经营者自身的经济利益最大化，并表现为对交易机会的争夺。经营者参与竞争可能是为了获得资金、顾客或者是更大的市场份额，但不管经营者的直接目的是什么，他们的最终目标都是为了使自身的经济利益最大化。由于市场交易与竞争存在内在的联系，因而对于竞争具有特别的意义。所以，竞争在现实经济生活中的表现就是对交易机会的争夺。

（四）竞争的内容既可以是价格竞争，也可以是质量、售后服务等其他方面的非价格竞争。但竞争不必限于"价格"，还可以采取非价格竞争的方式。而非价格竞争其实就是商品使用价值的竞争。竞争者可以通过争取有利投资场所、有利购销条件，通过占据更多、更大的市场和提高技术、管理水平及产品（服务）质量，从而实现利润的最大化。

第二节　竞争的基本分类

竞争的形式是多种多样的，它们可以从不同的角度加以区别。每一种类型的竞争都有自己的特点与功能。从程度上看，有自由竞争、完全竞争、垄断竞争；从内容上看，有价格竞争和非价格竞争；从竞争的主体看，有买方与卖方之间的竞争、卖方之间的竞争和买方之间的竞争；从产品角度看，有同类产品之间的竞争和替代产品之间的竞争；从竞争性质看，有正当竞争和不正当竞争。从存在方式上看，有现实市场中的竞争与市场之外的潜在竞争。下面主要分析后五种分类。

一、从竞争的内容来划分，分为价格竞争和非价格竞争

传统完全竞争理论注重的仅仅是竞争的一种类型，即价格竞争，价格理论构成整个微观经济学的核心。[①] 价格竞争的实质是商品价值的竞争。实施该竞争的方法与途径是强化企业管理，不断采取新技术、新工艺，提高劳动生产率，使商品个别劳动时间低于社会必要劳动时间。只有如此，商品在按照社会价值

---

① 张培刚. 微观经济学的产生和发展 [M]. 长沙：湖南人民出版社，1997：3.

或略低于社会价值的价格出售时，才能够获得正常的利润，具备市场竞争力。反之，个别价值高于或等于社会价值的商品在按照略低于社会价值的价格出售时，便会无利可图，也就不具备市场竞争力。"价格竞争"是市场运作中不可避免的一种经济规律，关键在于如何根据自身的资源以及所处的环境，采取有效的措施使企业在竞争中得以生存与发展。企业间竞争的核心在于资源实力的较量，通过资源的优化配置，可衍生出一系列竞争方式，而价格竞争仅是其中之一，且是消耗资源最大的一种。因为价格竞争是竞争对手易于仿效的一种方式，很容易招致竞争对手以牙还牙的报复，以致两败俱伤，最终不能提高经济效益；以削价为手段，虽然可以吸引顾客于一时，但一旦恢复正常价格，销售额也将随之大大降低；定价太低，往往迫使产品或服务质量下降，以致失去买主，损害企业形象；价格竞争往往使资金力量雄厚的大企业能继续生存，而资金短缺、竞争能力脆弱的小企业将蒙受更多损失。长期以来，价格竞争一直深受商品生产者、经营者重视。甚至一谈到竞争，就会想到削价。在一定条件下，价格竞争是必要的。但是，把价格看成决定交易成败的唯一因素，难免会造成价格竞争的泛滥。因此，在现代市场经济条件下，非价格竞争已逐渐成为市场营销的主流。

随着经济的发展，非价格竞争的重要性日益突出。非价格竞争其实就是商品使用价值的竞争，就是为顾客提供更好、更有特色，或者更能适合个性化需求的产品和服务的一种竞争。实施该竞争的方法与途径是比花色品种，比履约信誉，比售后服务，比包装，比质量。熊彼特就曾指出，应该放弃关于竞争作用方法的传统概念，从价格竞争这个阶段中挣脱出来。有价值的竞争是关于新商品、新技术、新供给来源、新组织类型的竞争。这种竞争和其他竞争在效率上的区别犹如炮击和徒手攻门间的区别。① 由于科学技术的加速发展，生产者能够迅速改进现有产品，也能更快的研究和开发新材料、新工艺、新产品。随着人们生活水平的不断提高，消费者的消费水平开始由温饱型向小康型转变，消费结构和消费心理也发生着变化，需求的个性化、差异化、多样化使得消费趋向多元化。单一的价格竞争当然是无法适应和满足这一市场需求的。② 非价格竞争是价格竞争的发展、升华，是社会经济发展和市场竞争发展的必然。

综合来看，非价格竞争相对于价格竞争具有相对广泛的市场针对性和适应性。随着社会经济的快速发展和人们生活水平的不断提高，消费者的消费水平开始由温饱型向小康型转变，消费结构和消费心理也发生着变化。需求的个性化、差异化、多样化、层次化、动态化已逐步成为当今市场消费的基本特征。单一的价格竞争当然是无法适应和满足这一市场需求的。而非价格竞争则可以通过了解消费者需求的变化，不断按照消费者潜在的和现实的需求改进产品，改进营销策略。以丰富多彩的竞争手段和形式，满足消费者的消费需求，应付竞争者的挑战。非价格竞争相对于价格竞争，具有相对无限的竞争空间。价格竞争仅通过价格的升降来刺激消费，达到竞争的目的，而非价

---

① ［美］J. A. 熊彼特. 资本主义、社会主义与民主主义［M］. 绛枫，译. 北京：商务印书馆，1979：106.

② 胡汝银. 竞争与垄断：社会主义微观经济分析［M］. 上海：上海三联书店，1988：81－82.

格竞争则可以通过产品升级、技术革新、质量改良、品牌建设、超值服务等多种手段来吸引消费者，从而达到扩大产销量的目的。非价格竞争相对于价格竞争更具有市场开拓创新能力。价格竞争对市场的开拓主要表现为对消费者求廉心理的满足，通过低价刺激对产品的购买需求，最终实现产销量的增加。非价格竞争以其竞争手段的多样性，针对多样化的需求和消费质量的提高来展开市场竞争。因此，它对市场的开拓可以说是多点开拓。非价格竞争的市场开拓能力是强劲的，具有很大的创造性。非价格竞争相对于价格竞争更突出了竞争的公平性和兼容性。价格永远是产品对消费者具有较强诱惑力和影响力的方面，但目前价格竞争却因诸多原因而变成一种恶性竞争。一味的盲目降价，对于消费者、企业乃至整个经济都是得不偿失的。而非价格竞争，则通过增加科技投入、开发新产品、提高产品质量、提供优质服务等来满足消费者的不同需要。这样的竞争公平、公正、公开，有利于推动企业进步。同时，非价格竞争更容易使企业联合起来，互相兼容，形成良好的市场竞争环境。

二、从竞争的存在方式来划分，分为现实竞争和潜在竞争

现实竞争，即现有企业之间的竞争，是指在同一行业中、同一市场内的企业为了市场占有率而进行的竞争，它是我们所了解的竞争的主要形式。这种竞争是最为直接的、表面化的。除了在市场中现存企业之间的竞争外，客观上还存在着一种同样对竞争有着深刻影响的竞争形式——潜在竞争。潜在竞争是指，处于一个市场边缘的企业有潜力通过某种方式，例如通过设备改造或者转产，参与该市场的竞争。① 潜在竞争不是当前事实上存在着的竞争，而是根据市场的具体情况进行的预测。根据鲍莫尔等的可竞争市场理论，不论现实的市场结构如何，它可以是寡头甚至是垄断市场，只要保持市场进出的完全自由，不存在特别的进出市场成本，即存在着重要的潜在竞争。潜在竞争对手的进入威胁是保证市场的竞争性和市场机制运行效率的基础。这强调了保护潜在竞争者利益的重要性。

企业一般只关注了现实的竞争对手，而忽略了潜在的竞争对手。为了能够在激烈的市场竞争中生存下来，企业还应该具备识别潜在竞争对手的能力，随时准备迎战新的对手，因为潜在竞争对手突然转变成现实竞争对手时往往会给企业带来极大的冲击。但是，识别潜在竞争对手比识别现实竞争对手困难得多。如果漫无目的地从浩如烟海的市场信号中搜寻潜在竞争对手，往往会无功而返。然而，这并不意味着企业会束手无策。潜在的进入者只有在获得目标市场的大量信息后才能决定是否进入。因此，企业通过信息传播渠道，顺藤摸瓜，就可以发现那些具有潜在进入特质的企业。一般可以从下述各类企业中将潜在竞争对手辨识出来。

第一类可能的潜在竞争对手是不在本行业，但能够轻易克服行业壁垒的企业。当提供互补或替代产品的企业对另一方的市场情况，例如需求状况、价格水平、销售渠道、生产成本、原料供应都比较了解时，进入对方市场的壁垒就比较低。如果

---

① 王晓晔. 欧共体竞争法 [M]. 北京：中国法制出版社，2001：235.

企业进入互补或替代的市场能显著地提高原有产品的销量和竞争能力，那么它进入的可能性就非常大。如报社与杂志社都非常熟悉对方的业务和市场，为了争夺同一个客户群，它们之间的竞争往往很残酷。它们有现成的品牌和声誉，一旦拥有合适的机会，它们就有可能进入替代品的行业，在同一市场中展开激烈竞争。

第二类可能的潜在竞争对手是进入本行业可产生明显协同效应的企业。企业进行整体性协调后所产生的整体功能的增强，称之为协同效应。正是这种企业整体功能的增强为企业带来了竞争优势。因此，如果本行业成为某企业的一种产业后能够使该企业产生明显的协同效应，那么该企业进入本行业的可能性就很大。

第三类可能的潜在竞争对手是行业战略的延伸必将导致加入本行业竞争的企业。例如，长虹、海尔两家都力图成为整个中国家电业的领先企业。长虹在加强彩电生产的同时，开始生产空调等白色家电；而海尔也开始从白色家电领域向黑色家电渗透。长虹和海尔在中国家电市场上的竞争将不可避免。

第四类可能的潜在竞争对手是可能前向整合或后向整合的客户或供应商。从企业关系的层次来看，有从制造商向批发商和分销商再到最终用户的前向整合以及从制造商向供应商的后向整合。某些政策上的优惠会导致企业间的前向整合或后向整合，如当采取按最终产品征税时，就会促使许多企业纵向兼并。这些经过整合后产生的新企业，往往具有很强的竞争力。

第五类可能的潜在竞争对手是可能发生兼并或收购行为的企业。为了追求规模经济效益、加强生产经营的稳定性、促进企业的快速发展或减少竞争对手以及扩大或垄断市场，有一定实力的企业很可能会兼并或收购一些相关企业。例如，纵向收购可以使企业拥有自己的原材料供应地或产品的最终用户，确保原材料、半成品的供应或者提供产品的销售渠道和用户，从而节省了销售费用，降低了经营风险。相对于重新建厂而言，通过收购进行生产的扩张可以节约时间和投资，可以利用对方现成的人力、技术、销售渠道、业务网络，从而可以加快进入新市场的速度，减少投资风险。一些有实力的企业通过兼并或收购其他企业的方式进入新市场，可能会激化企业间的竞争。

可见，这两种竞争形式对于维护市场机制运行都具有非常重要的现实意义。现存企业间的竞争固然重要，是衡量市场竞争性的重要标志，但是潜在竞争者的进入威胁对于激活和维护现有企业间的竞争也是至关重要的。如果不能有效保护潜在竞争者的利益从而没有潜在竞争者的进入威胁，则很有可能现有企业间的竞争将为合谋性行为所代替。

三、从竞争的产品来划分，分为同类产品之间的竞争和替代产品之间的竞争

同类产品之间的竞争，是指生产同类产品和提供同类服务的企业之间的竞争。由于这些商品和服务具有明显的相似性和可比性，所以这种竞争更经常、更直观。这种竞争最通常、最根本地表现在生产同一商品的企业极力提高劳动生产率，降低成本，进行价格竞争，或者通过提高产品质量和服务，来吸引消费者。

随着社会分工的发展，产品和服务的种类不断增加，可以

满足同类需要的代用品不断出现。如果两种商品之间能够相互替代以满足消费者的某一种欲望，则称这两种商品之间存在着替代关系，这两种商品互为替代品。替代品是指那些同现有产品具有相同功能的产品。有许多产品的效用越来越接近，替代性也越来越强。从而也就不可避免地引起或加剧了生产不同产品和提供不同服务的企业之间的竞争。这种替代产品之间的竞争是客观存在的，是竞争的有机组成部分，并且在社会合作和分工不断深化的情况下，逐渐成为竞争的主要形式之一。替代品是指能带给消费者近似的满足度的几种商品间具有能够相互替代的性质。若 A 商品价格上升，则顾客们就会去寻求购买相较于 A 商品便宜的并且能带来相似满足度的 B 商品。例如，在火车票价格持续上涨到一定的高度时，人们会转向乘坐飞机。或者，在牛奶价格上涨时略微少购买一些牛奶，这欠缺的一部分需求转以奶粉来代替。替代品是指两种产品存在相互竞争的销售关系，即一种产品销售的增加会减少另一种产品的潜在销售量；反之亦然（如牛肉和猪肉）。替代品与互补品是相互对立的概念。对替代品的判别亦可根据交叉弹性系数的正负号来进行。显然，当交叉弹性系数为正值时，即一种产品价格的提高（销售减少）会引起另一种产品需求量的增加，这时两种产品是替代品。

世界上有许多东西都可以相互替代，但有替代可能的并不见得就一定会发生替代。替代品是否产生替代效果，关键是看替代品能否提供比现有产品更大的价值/价格比。所以，替代产品的实际功能对现有产品造成了价格上的限制，进而限制行业的收益。用经济学术语来说，替代品影响着行业的总需求弹性。

如果替代品能够提供比现有产品更高的价值/价格比，并且买方的转移壁垒很低，即转向采购替代品而不增加采购成本，那么这种替代品就会对现有产品构成巨大的威胁。从产业发展的角度来看，替代产品与现有产品的价值/价格比并不是一成不变的。在替代品产业发展的初期，它对现有产品的替代率往往较低并增长得十分缓慢。但现有产品的生产企业切不可掉以轻心，因为尚未大规模替代并不意味着替代品与现有产品相比没有竞争力，可能只是由于顾客出于转移成本的考虑，或者出于其他非经济方面原因的考虑，暂时处于观望状态。一旦替代品被确证比现有产品更有优势，那就会形成对现有产品的迅速替代。

四、从竞争的主体来划分，分为买方与卖方之间的竞争、卖方之间的竞争和买方之间的竞争

进入市场的每个市场主体都是不同的利益集团或个人，它们作为卖者和买者，都必须通过竞争，在交换中才能达到自己的目的，实现自己的利益。从这个意义上讲，他们都是市场竞争的主体。在经济活动中，有买就有卖，买卖双方是相互依存、对立统一的。因此，只要有商品交换，就有买卖双方之间的竞争。企业与买者的竞争，主要表现为买者约束。在买方市场中，市场需求量收缩，企业产品销售困难，很多企业可能会被迫撤出市场竞争；而在卖方市场中，情况则刚好相反。一般情况下，企业在市场活动中的竞争，更多的是来自卖者。它们在价格、质量、服务还有资金、技术等方面存在着激烈的竞争。还有一种形式的竞争就是买方之间的竞争。在市场供求格局一定的情况下，买方之间竞争的激烈程度在很大程度上取决于同类型市

第三章 竞 争

场组织和个人消费水平的分布状况，即如果广大买者的消费层
次过于集中，那么市场的竞争就趋于激烈。①

　　买方竞争是指在市场经济运行中，同类购买者所产生的相
互竞争。在同类购买者相互竞争的过程中，卖方即供给方坐等
竞争结果、获取买方竞争的好处与便利，因此买方竞争对卖方
有利。买方竞争只发生在同类商品的购买者之间，他们相互竞
争无非是想通过竞争争取到自己满意的购买数量，获得自己满
意的购买方式和渠道，选择自己满意的同类商品的花色品种和
式样中自己偏好的商品。买方竞争产生的原因主要是消费膨胀
导致生活资料的不足和生产高速发展导致原材料紧张。随着人
们经济收入的增长和生活水平的提高，人们手里的货币量增多
了，许多生活消费品就会经常出现供不应求的情况，达到一定
程度就会形成持币抢购的买方竞争。另外，由于某些消费者有
特定的爱好和特别的需要，在商品稀少的情况下也会形成买方
竞争。如在某些商品拍卖中，一件古董，一幅名人字画，甚至
一枚邮票都会出现买方竞争，其价格直线上升，昂贵得吓人。
工业生产发展速度过快，如人们片面理解产值翻番，一哄而上，
追求利润，盲目发展，就会使生产发展过猛。工业生产发展过
快，许多原材料和煤、电等能源，火车轮船等交通工具供不应
求，从而出现了生产性的抢购风潮，形成买方竞争。买方竞争
能使企业获得市场信息，了解消费需要，刺激商品生产的发展，
提高卖方的经济收益。但是也会因卖方感受不到竞争压力而不

　　① 汪涛. 竞争演进论——从对抗竞争到合作竞争 [D]. 武汉：武汉
大学法学院，2000.

利于产品质量的提高和技术的进步。在买方竞争激烈的时候，商品价格会扶摇直上，卖方可以少劳多得，轻易获取高额利润，因此，对提高产品质量、开发新产品等就不会感兴趣。

卖方竞争是指在市场经济运行中，同类销售者所产生的相互竞争。在同类销售者相互竞争的过程中，买方即需求方坐等竞争结果、获取卖方竞争的好处与便利，因此卖方竞争对买方有利。卖方竞争只发生在同类商品的销售者之间，他们相互竞争无非是想通过竞争争取到自己满意的销售数量，获得自己满意的销售方式和渠道，提供自己丰富多样的同类商品的花色品种和式样供消费者选择。卖方竞争的产生是由于出现商品供过于求的情况和出现新产品挑战的情况。如果商品卖不出去，生产经营者的私人劳动非但得不到社会的承认，不能变成社会劳动，致使商品成为一堆"废品"，而且还要增加仓库储存、运输保管的费用及支付银行利息等，妨碍资金周转。这是直接关系到企业兴衰成败命运的问题。正如马克思在《资本论》中所言那样：商品价值从商品体跳到金钱上，……是商品的惊险跳跃。这个跳跃如不成功，损坏的不是商品，但一定是商品所有者。所以卖方竞争是很激烈的。随着科技的发展，在追求利润和适应市场变化的推动下，企业会尽力开发新产品；开设新服务，对原有产品的品种、规格、型号等提出新的挑战。比起买方之间的竞争，卖方之间的竞争更尖锐、更激烈，尤其是商品供过于求时，为争夺买主表现得十分突出。商品生产者为了尽快销售商品，避免积压，争取竞争的胜利，他们必然要千方百计地使商品款式新颖、适销对路、价廉物美。可见，卖方之间的竞争有利于商品生产者和经营者改进技术，增加花色品种，为市场提供更多、更好的适销对路产品，增加有效供给；有利于推动企业改善经营管理，降低成本，薄利多销，提高经济效益，促使竞争低价达到自己的要求和效果，提高服务质量；有利于维护消费者的权益，提高消费的水平和质量。

在竞争法中，卖者之间的竞争是竞争法调整的主要内容，卖者和买者之间的竞争也是竞争法所要关注的。而买者之间的竞争，由于与竞争法保护消费者福利的目标相悖，[①] 所以，一些国家的竞争立法将其排除在法律调整范围之外。

五、从竞争的性质来划分，分为正当竞争与不正当竞争

正当竞争是指商品生产者之间、商品经营者之间及商品生产者和经营者之间为了争夺商品生产和销售的有利地位，采取符合商业道德、社会公共利益与法律的手段和方式，遵守价值规律的要求，谋求最佳经济利益的竞争行为。[②] 从理论上说，正当竞争是一种公平和平等的竞争，是指参加竞争的双方在法律上处于平等地位，具有平等的权利和义务，竞争者不能采取不正当的手段，只能以自己的力量去竞争；正当竞争应是一种自由的竞争，在不妨碍他人自由的前提下，充分维护自身的竞争自由；正当竞争是符合诚实信用和社会公认的道德准则的竞争，诚实信用是正当竞争的基础，是竞争道德规范法律化的体现；正当竞争还必须是追求社会经济效益和发展的竞争。

---

① 盛杰民，袁祝杰. 动态竞争观与我国竞争立法的路向 [J]. 中国法学. 2002 (2)：16 - 27.

② 文海兴，王艳林. 市场秩序的守护神——公平竞争法研究 [M]. 贵阳：贵州人民出版社，1995：45.

不正当竞争是与正当竞争相对应的一个概念。《保护工业产权巴黎公约》规定："在工商领域任何与诚实商业惯例相悖的竞争行为均构成不正当竞争行为。"我国的《反不正当竞争法》也在第二条第二款中规定："本法所称的不正当竞争，是指经营者违反本法规定，损害其他经营者的合法权益，扰乱社会经济秩序的行为。"因此，一般来说，不正当竞争是指经营者在商品流通与服务领域内，以违背法律、公认的商业道德的手段，损害其竞争对手及他人合法权益、扰乱社会经济秩序的竞争行为。

这一区分对于竞争法来说具有特殊的重要意义。正当竞争，促使竞争者不断地提高劳动生产率，进行技术改革和技术创新，推动社会经济进步，是竞争法保护的对象。而不正当竞争却具有经济和社会危害性。首先，不正当竞争会损害或者可能损害经营者的合法权益。不正当竞争行为采用不正当手段破坏市场竞争秩序、损害其他经营者的合法权益，使守法的经营者蒙受物质上与精神上的双重损害。"其他经营者"应当作广义的理解，既包括实际的经营者也包括潜在的经营者。另外一些不正当竞争行为还有可能损害消费者的利益，比如虚假广告与欺骗性有奖销售等。不正当竞争行为不仅直接或者间接地损害了竞争者和消费者的利益，更重要的是，与一般侵权行为相比，它还危害市场竞争机制正常地发挥作用。如果说垄断还应当有合法垄断的话，那么不正当竞争行为必然是非法行为。此外，不正当竞争行为的表现形式日益多样化，新的不正当竞争行为层出不穷。互联网领域频频发生的流量劫持、客户端干扰、商业抄袭、软件拦截等行为，严重影响了网民对网络的正常使用和自由选择权，也损害了相关经营者的合法权益。不正当竞争行为的范围不断扩大，隐蔽性也越来越强。更严重的是，不正当竞争会妨碍市场竞争机制正常功能的发挥，破坏市场经济的秩序。此外，不正当竞争大都采取的是弄虚作假、欺诈引诱等恶劣败坏的经营手法，这在某种程度上会导致社会道德的败坏。所以，不正当竞争是竞争法严厉打击的对象。

第三节　竞争法中竞争范畴分析

一、有效竞争

经济学中的有效竞争是一种在经济上有益，而且根据市场的现实条件又是可以实现的竞争。在有效竞争的市场模式下，竞争被视为实现整个经济和社会公益的手段，提出这种模式的目的是建立有利于整体经济发展的市场结构。经济学家对于判别是否存在有效竞争也有着具体而详细的标准。所以，有效竞争理论对竞争法具有尤为重要的意义，为许多国家学者和竞争立法所重视，并被转化为法律上可以操作的目标模式，确立了明确的标准，以评判市场上的竞争是否是有效竞争。

美国总检察长在反托拉斯法研究国家委员会于 1955 年的报告中指出："在经济意义上，有效竞争的基本特征是，任何购买者或者一致行动的购买者集团，都没有通过少付出、多收入的方式获取利润的力量。只要存在有效的竞争，竞争的销售者，不管是现有的竞争对手还是潜在的进入者，都会因产生或者可能发生有利的诱惑而使其力量受到制约。"在英国，限制性贸易行为法院将社会所需要的竞争程度界定为："合理数量的不太重要的买者和卖者其身受通常的竞争压力。①"英国竞争法学家理查德·维西（Richard Whish）在其所著的《竞争法》中曾主张，"竞争法如果以有效竞争为保护对象就必须做到四点：第一，禁止限制竞争的协议；第二，制止垄断力的滥用；第三，在寡头市场维持适于有效竞争的市场结构；第四，控制企业结合，防止市场集中"。在德国，霍夫曼（Dietrich Hoffman）和肖伯（Stefen Schaub）在《德国竞争法》中指出："由于完全竞争的模式并不现实，'有效竞争'的概念在 60 年代发展了起来。……它也越来越多地出现在竞争政策之中。在《反限制竞争法》修正之时，政府明确地主张以有效竞争原则作为思考的主要依据。②"有效竞争也被欧共体竞争法的主管机构所接受，并作为其指导制定竞争法政策、法律或审判竞争争议案件的重要理论依据。欧共体法院在一系列法律判决中对共同体市场的竞争模式做过一些描述。例如，在 1977 年 Metro/SABA 一案的判决中指出："条约第 3 条和第 81 条提出的不受歪曲的竞争是以市场存在着有效竞争为前提条件的。即是说，它要求市场上的竞争能够达到这样一种程度，以至于能够完成条约的基本任务，并且能够达到它的目的，特别是建立一个与内部市场相似的统一大市场。"在 1985 年的 Altoele 一案中，欧共体法院更为明确地指出，欧共体条约的目的只能通过市场上的有效竞争来实现，并且这个自由竞争的基本原则与商品自由流动和贸易自

---

① 孔祥俊. 反垄断法原理［M］. 北京：中国法制出版社，2001：250 - 253.

② 曹士兵. 反垄断法研究［M］. 北京：法律出版社，1996：30 - 31.

由的基本原则一并属于共同体法普遍的基本原则。① 按照有效竞争理论，欧共体竞争法为实现对竞争市场的保护和调控，主要在三个方面规定了禁止垄断和限制竞争的内容：第一，禁止企业在它们之间或它们与第三人之间签订限制竞争并且对社会经济发展没有任何益处的协议；第二，对垄断企业或处于优势市场地位的企业滥用这种地位的行为进行监控，并且防止新的垄断企业的形成；第三，对相互独立的企业之间有可能提高市场集中度和降低竞争压力的合并与购并行为进行监督管理。这三个方面的规范内容，实际上构成了欧共体竞争法的三大支柱。通过在上述三个方面对于竞争市场的监控，促使实现有效竞争，从而达到最大程度的"分配效率"和"生产效率"，满足消费者的最大需求。② 从实践来看，根据美国、英国、德国、欧盟以及世界上其他国家反垄断立法的经验，建立有效竞争的目标模式也主要是从规范竞争性市场结构角度出发的。

有效竞争理论在我国也得到了普遍认同，一致认为我国竞争法的目标模式应该是"有效竞争"。因为，有效竞争理论重视垄断、竞争及规模经济的关系，这对我国经济体制改革的目标和现实的市场条件具有重要的指导意义。受计划经济体制下"大而全"和"小而全"经济结构的影响，我国工业规模经济水平总体上是比较低的。强调规模经济对我国当前有着十分重要的现实意义。所以，一方面为了改进生产技术，提高整体经济的效率和国民经济的综合实力，应当适度扩大企业规模，实

---

① 王晓晔. 欧共体竞争法 [M]. 北京：中国法制出版社，2001：69.
② 阮方民. 欧盟竞争法 [M]. 北京：中国政法大学出版社，1998：58.

现规模经济，允许市场存在一定的垄断因素；另一方面为了保持市场结构的竞争性，应当使市场上保持一定数目的竞争者，竞争之间应存在不大不小的相互依存关系，以保持适当的竞争强度。在这个前提下，我国的竞争政策和法规应当特别注意推动企业间的横向联合，尤其是应当为中小企业的联合和协作开绿灯。①

二、潜在竞争

根据鲍莫尔等人的可竞争市场理论，由于存在着重要的潜在竞争，所以不论现实的市场结构如何，哪怕只有一个企业独占该市场，潜在竞争对手的进入威胁是保证市场的竞争性和市场机制运行的效率基础。很明显，这可以看出保护潜在竞争者利益的重要性。作为竞争的一种独特存在方式，潜在竞争也越来越为现代产业组织理论所重视。

潜在竞争在经济学理论中日益被重视，这同样也反映在了竞争法的司法实践之中。在美国，潜在竞争是反垄断法的一个非常重要的理论。波斯纳认为："消灭一个潜在的竞争者可能是认定一个反托拉斯行为的依据……潜在竞争的重要性问题还跟掠夺定价以及其他排他行为有关，并且，削弱潜在竞争实际上是在反托拉斯法上起诉混合兼并的唯一依据。②"美国在 1964 年的彭—奥林（Penn—Olin）案第一次适用了潜在竞争的理论。而且，美国最高法院在判决中对潜在竞争作了解释："如果在同

① 王晓晔. 企业合并中的反垄断问题 [M]. 北京：法律出版社，1996：22 - 25.
② [美] 理查德·A. 波斯纳. 反托拉斯法 [M]. 2 版. 孙秋宁，译. 北京：中国政法大学出版社，2003：159.

一个或者相近的行业，一个富于进攻性的、装备完善且财力雄厚的公司在等待时机，渴望进入一个被少数企业垄断的市场，这是一个对竞争不可低估的重大推动力。"从美国司法部发布1982年合并指南以来，潜在竞争就成为豁免某些限制竞争协议特别是豁免具有限制竞争影响的企业合并的重要理论依据。美国司法部和联邦贸易委员会1992年横向合并指南对这个理论又作了新的解释，详细阐述了反垄断当局适用这个理论的分析方法。它指出，这个潜在的市场进入仅当满足了"及时性""可能性"和"充分性"三个条件时，方可视为遏制市场势力的力量。

在欧共体竞争法中，潜在竞争的理论主要适用于竞争者之间建立的合营企业，因为合营企业的建立可以排除母公司之间展开竞争的可能性。在这种情况下，认定市场上存在潜在竞争的前提条件是，建立合营企业的任何一方都能独自承担合营企业的任务，而且它们的这种能力并不因为合营企业的建立而受到损害。这就要求考虑案件的具体情况，包括这些竞争者各自的条件和相关市场的情况。欧共体的许多裁决也涉及了市场潜在的竞争。这些案件大多涉及在研究和开发领域建立合营企业、专业化协议以及企业间为降低生产能力而订立的协议。欧共体委员会在1993年发布的《根据条约第81条认定合作性合营企业的通告》中，提出了认定一个合营企业不仅在理论上而且事实上能够损害市场潜在竞争的标准，并列举了10个主要考虑的因素。①

① 王晓晔. 欧共体竞争法［M］. 北京：中国法制出版社，2001：73－74，395.

日本公正交易委员会在 1980 年指定《关于审查合并等的事务处理基准》时，将"合并的当事公司之间的潜在竞争程度作为"审查混合合并时应考虑的事项之一。日本企业集中规制中的"潜在竞争"可以理解为："在其通常的事业活动范围内，并且不对该事业活动的设施或状态施加重要的变更"的情况下，所处的"能够实施"供给同种或者类似的商品或服务的"状态"。① 这里是把潜在竞争理解为供给的替代弹性，这和美国判例中对潜在竞争的理解基本一致。

因此，无论是从经济学理论的发展，还是从发达国家竞争法的实践来看，潜在竞争都具有重要意义，特别是对激活和维护现有企业间的竞争显得至关重要，而且对企业间的合谋行为也是一个有力的威慑。竞争法对潜在竞争与现实竞争都应一样予以切实有效的保护。

三、竞争关系

竞争法是调整竞争关系的基本法律，竞争关系就是竞争法调整的根本关系。但对于竞争关系的定义却是众说纷纭。有人认为，竞争关系是由竞争法所调整的以竞争权利和竞争义务为内容的社会关系，是具有平等地位的经营者之间为争夺商业利润而形成的社会关系，其主体可以是法人或其他经济组织，也可以是公民个人。② 另有人指出，竞争关系又叫市场竞争关系，

① 王为农. 企业集中规制基本法理——美国、日本及欧盟的反垄断法比较研究 ［M］. 北京：法律出版社，2001：146 - 149.

② 刘剑文，崔正军. 竞争法要论 ［M］. 武汉：武汉大学出版社，1996：51 - 54.

是指两个或两个以上的市场主体，在竞争过程中所形成的社会关系。竞争关系发生在取得经营资格的平等主体之间，以市场主体的自愿为前提，且必须以竞争主体争夺市场中的交易机会与优势地位并获得经济利益的最大化为目的。① 此外，还有人认为，竞争关系既可以是客观已存在的，如在同一城市经营同类商品的经营者之间，自然存在竞争关系；也可以基于行为人的行为而产生，如经营者通过广告开辟新市场，从而与该市场上的经营者发生竞争关系。② 比较分析上述观点，可以概括地说，竞争关系应指竞争者之间在特定的市场经营活动中为了自身利益的最大化争夺交易机会而形成的经济关系。它一般具有以下几个特性。

第一，竞争关系中的主体具有多样性。这是由竞争的多样性、复杂性所决定的。竞争既包括相同产品之间的竞争、替代产品之间的竞争，又包括卖方之间的竞争和卖方与买方之间的竞争。所以，同类产品经营者、其他经营者甚至消费者都能成为竞争关系的主体。

第二，竞争关系具有层次性。商品生产者之间的竞争关系属于竞争法调整的主导内容；商品生产经营者与商品经销商之间的竞争关系，也是竞争法调整对象中不可或缺的内容。而买方之间的竞争关系，则是微不足道的。

第三，竞争关系是一种商业利益关系。竞争关系是竞争者在市场交易中为追求自身利益最大化争夺交易机会而产生的经

---

① 种明钊. 竞争法学 [M]. 北京：高等教育出版社，2002：14.

② 李国光. 知识产权诉讼教程 [M]. 北京：人民法院出版社，1999：680.

济关系，是完全与商业活动和商业利益联系在一起的。

第四，竞争关系的产生、变更或终止，都源于竞争者参加或者退出竞争的单方意思表示，不具备合意的形式。

竞争关系的界定对竞争法而言具有重要意义。因为竞争关系的存在是构成不正当竞争的前提和基础，没有竞争关系就不会发生不正当竞争行为。同样，对反垄断法而言，竞争关系的界定也会影响其调整范围和对垄断行为的认定。但是，两者对竞争关系的理解并不相同。概括地说，反垄断法所理解的竞争关系是严格意义上的竞争关系，或者说狭义的竞争关系；反不正当竞争法上的竞争关系是一种广义的竞争关系。①

在反垄断法中，无论是市场支配地位的认定，还是禁止反竞争的卡特尔协议或者并购行为等，都涉及相关市场的界定。而确定相关市场就是为了划清特定的经营者及其产品展开竞争的边界，或者说具有竞争关系的经营者的圈子。从界定相关市场要考虑的产品、地理和时间等因素来看，在同一市场上销售具有替代关系的商品的经营者之间才具有竞争关系。按照如此严格的标准界定的竞争关系，就是反垄断法上的狭义竞争关系。反垄断法之所以对竞争关系的界定如此严格，是与其制止限制竞争行为、维护自由竞争的立法目的分不开的。只有在狭义的竞争关系中才能考察市场结构是否具有竞争性、经营者行为是否限制了竞争或者是否还存在竞争自由。但是，当经营者处于垄断或独占地位时，已经不存在或者很少有竞争者，垄断企业

---

① 孔祥俊. 反垄断法原理 [M]. 北京：中国法制出版社，2001：255 - 273.

就可以其他经营者和消费者为损害目标，滥用垄断地位，这样就会破坏市场的竞争机制。在这种情况下，反垄断法就不以狭义的竞争关系为垄断行为的构成要件，而开始对垄断企业滥用垄断地位的行为加以规制。可见，在反垄断法上，垄断行为的构成是以狭义竞争关系为一般，广义竞争关系为例外。

与反垄断法相比，反不正当竞争法上的竞争关系就宽泛得多。不仅限于具有狭义竞争关系的经营者之间，而且与其他经营者甚至消费者都能形成竞争关系。判定标准应该是，经营者获取竞争优势的行为违反了商业道德及诚实信用原则，如果以此种方式谋取竞争优势，就可认定产生了竞争关系。这是一种广义的竞争关系。反不正当竞争法之所以采用广义的竞争关系，主要是因为反不正当竞争法的保护对象和目的具有多元性。既包括属于严格意义上的竞争对手的经营者，也包括没有直接竞争关系的经营者，还包括消费者。反不正当竞争法上的不正当竞争行为归根结底是以不正当手段谋取竞争优势的行为，其结果既可能直接或间接损害了竞争对手，又可能损害了消费者。所以，只有将反不正当竞争法上的竞争关系作广义的解释，才能更好地实现制止不正当竞争行为的目标。

第四节　典型案例

一、美国诉海洋银行公司（Marine Bancorporation, Inc.）案①

本案涉及两家商业银行之间的兼并。收购银行是美国商业

---

① 沈四宝，刘彤. 美国反垄断法原理与典型案例 [M]. 北京：法律出版社，2006：151－158.

银行（National Bank of Commercial，以下简称 NBC），是一家在全国范围内从事经营的大型银行机构，其总部位于华盛顿州的西雅图市（该州的西北角）。NBC 是一家银行控股公司，是海洋银行公司（Marine Bancorporation, Inc.，以下简称 Marine）全资拥有的子公司。在确保进入斯波肯市场的问题上，NBC 拥有长期的利益。被收购银行是华盛顿信托银行（以下简称 WTB），成立于 1902 年，是在州内经营的中等规模银行，其总部位于华盛顿州的斯波肯市（在该州的另一端，是该州东部最大的城市）。WTB 经营良好，处于盈利状态。尽管存在适度增长，但 WTB 在其 70 年的发展历史中，从未在斯波肯市区以外的地方有所扩张。

收购银行与被收购银行在华盛顿州内没有直接竞争关系。两家银行在对方总部所在的城市都没有开设营业所。根据兼并协议，收购银行将在斯波肯市取代被收购银行，并首次在斯波肯市成为直接的参与者。

到 1972 年 6 月底，华盛顿州共有 91 家银行。最大的五家银行持有州 74.3% 的商业银行存款，经营 61.3% 的银行营业所。最大的两家银行——西雅图第一国家银行及 NBC（就资产、储蓄存款、放贷而言，NBC 是总部位于华盛顿州的银行机构中的第二大机构）持有华盛顿州 51.3% 的储蓄存款，经营 36.5% 的银行营业所。斯波肯市区有 6 家银行组织。其中之一的 Marine 控制着两家独立的银行及其各自的营业所，1972 年年中时持有该地区 42.1% 的储蓄存款。西雅图第一国家银行持有 31.6% 的储蓄存款。WTB 是该地区的第三大银行，当时持有 18.6% 的储蓄存款。这三家银行持有的储蓄存款总额占斯波肯市区储蓄存款额的 92%。华盛顿商业银行的集中度在过去 10 年内没有显著提高。WTB 持有的储蓄存款额在州储蓄存款总额中所占比例基本保持稳定，即从 1.5% 降到 1.4%。

华盛顿州的成文法对于银行业的集中度做出了严格的限制，这种限制至少体现在两个方面。首先，华盛顿州成文法对于银行通过新设分支机构进行的地域扩张做出了限制。根据华盛顿州法，不仅银行在其总部所在地区开设分支机构要受到一定限制，而且无论是持有州营业执照的银行，还是全国营业执照的银行，均不得在其总部所在的城市、市镇之外设立或经营任何分支机构，除非通过兼并或收购既存金融机构的方式。其次，华盛顿州成文法还严格控制银行的兼并。新设立的银行在 10 年之内不得与其他银行兼并；一家银行在收购或兼并了其总部所在地以外的一家银行后，不得通过被收购的银行开设分支机构；华盛顿州禁止一家公司持有数家银行的控制性股权。通过以上规定，华盛顿州法排除了一家银行通过兼并数家独立的银行实现开设分支机构的可能。

美国政府依据修改后的《克莱顿法》第七条提起反垄断民事诉讼，援用"潜在竞争"规则，反对该两家商业银行之间的兼并提议。经审理，地区法院判决美国政府全面败诉，美国政府提起上诉。联邦最高法院认为，在将潜在竞争规则适用于商业银行时，法院必须考虑联邦与州对于银行业的管制，特别是专门针对这一行业市场准入的法律限制。本案涉及的对市场准入的法律障碍，尤其是州法对于新设分支机构、通过营业所设立分支机构以及多家银行控股公司的禁止，使法官认为，被起诉的兼并并没有违反《克莱顿法》第七条，并最终维持了原判。

联邦最高法院针对潜在竞争规则对商业银行适用的具体意见是，作为一般规则，《克莱顿法》第七条适用于未受管制行业的标准，同样可适用于商业银行之间的兼并。在费城国民银行（Philadelphia National Bank）案中，法院依据对市场准入的管制性障碍，得出了这样的结论：必须根据第七条格外仔细地审查在同一市场中处于直接竞争地位的银行之间的兼并。但是，由于政策对于新竞争者进入的限制，却使我们很难根据潜在竞争规则认定一家商业银行具有地域市场扩张性的兼并是违法的。该限制如果没有消除，往往极大地削弱了收购银行作为已知的潜在竞争者，或通过新设企业进入成为未来竞争源泉的可能性。本案中重要的问题是，NBC 通过新设分行或者其他方式以替代兼并这一途径进入斯波肯市场是否合法、可行。

最高法院一再强调在将潜在竞争规则适用于商业银行时，法院必须考虑到联邦及州对银行的广泛管制，特别是进入这一商业领域所面临的法律障碍。法院首先认定斯波肯市场是判断兼并合法性的适当地理市场。在潜在竞争案件中，相关地理市场或者国内适当区域是指被收购公司作为实际的直接竞争者的区域。本案中，考虑到商业银行业的地方化，华盛顿信托银行提供的绝大多数服务都是在斯波肯市区内。因此美国政府提出的将整个州视为适当"国内区域"的主张未被法院采纳。

法院在决定对本案件适用潜在竞争规则后，首先考虑的是目标市场的结构，即集中度。通常，潜在竞争规则适用于集中性的市场才有意义。目标市场内竞争者的数目以及占有的市场份额可用以初步证明市场的集中度。其次，法院要判断收购公司通过收购外的其他方法（如新设公司、收购小型公司）进入目标市场的可行性。本案中，因为进入银行业要受到联邦和州的各种管制，美国政府提出的两种替代方式都不具有可行性。再次，收购进入目标市场是否消除了收购公司的潜在竞争者地位。本案中，考虑到各种管制障碍，法院推定除非国家商业银行兼并华盛顿信托银行，否则其不大可能成为重要的潜在竞争者。即国家商业银行在市场边缘并没有发挥实质性推动竞争的作用。

潜在竞争规则的基础是收购银行可以相对自由地进入新的地理市场。该原则的两个前提条件是：一、事实上存在可行的进入市场的替代方式；二、替代方式提供了长期改善目标市场结构或带来其他益处的合理可能性。

二、中国联合网络通信有限公司青岛市分公司、青岛奥商网络技术有限公司、北京百度网讯科技有限公司、中国联合网络通信有限公司山东省分公司不正当竞争、垄断纠纷一案[①]

百度公司诉称：其是国内技术领先的中文搜索引擎制造商，拥有的 www. baidu. com 网站（下称百度网站）是全球最大的中文搜索引擎网站。三被告奥商网络公司、联通山东公司、联通青岛公司在青岛地区利用网通的互联网接入网络服务，在百度公司的搜索结果页面强行增加广告的行为违背了诚实信用和公平交易的市场行为准则，构成不正当竞争，损害了百度公司的商誉和经济效益。遂诉至山东省青岛市中级人民法院，请求判

---

① 山东省高级人民法院民事判决书（2010）鲁民三终字第 5 - 2 号（2010 - 03 - 20）［2011 - 04 - 22］http：//ipr. court. gov. cn/sdjdws/201104/t20110422_ 141618. html.

令：（1）被告奥商网络公司、联通青岛公司的行为构成了对百度公司的不正当竞争行为，并停止该不正当竞争行为；第三方鹏飞航空公司在其应负的法律责任范围内，承担连带责任；（2）三被告在人民日报、法制日报、半岛都市报、青岛晚报上刊登声明以消除影响；（3）三被告共同赔偿百度公司经济损失480万元；（4）三被告承担百度公司因本案而发生的律师费、公证费、差旅费等合理支出10万元。

百度公司的经营范围为互联网信息服务业务，经营百度网站，主要向网络用户提供互联网信息搜索服务。奥商网络公司经营范围包括网络工程建设、计算机软件设计开发等。其网站为 www.og.com.cn。该网站介绍其"网络直通车"业务：无须安装任何插件，广告网页强制出现。介绍"搜索通"产品：第一步在搜索引擎对话框中输入关键词；第二步优先出现网络直通车广告位（5秒钟展现）；第三步同时点击上面广告位直接进入宣传网站新窗口；第四步5秒后原窗口自动展示第一步请求的搜索结果。该网站还以其他形式介绍了上述服务。联通青岛公司经营范围包括互联网接入服务和信息服务等，青岛信息港（域名为 qd.sd.cn）为其所有。"电话实名"系联通青岛公司与奥商网络公司合作的一项语音搜索业务，网址为 www.0532114.org 的"114电话实名语音搜索"网站表明该网站版权所有人为联通青岛公司，独家注册中心为奥商网络公司。联通山东公司经营范围包括互联网接入服务和信息服务业务。鹏飞航空公司经营范围包括航空机票销售代理等。

使用"搜索通"服务后：登录百度网站，在对话框中输入"鹏飞航空"，点击"百度一下"，弹出显示有"打折机票抢先拿就打 114"的页面，迅速点击该页面，打开了显示地址为 http：//air. qd. sd. cn 的页面。输入"青岛人才网""电话实名"等亦会出现类似现象。经专家论证，所链接的网站（http：//air. qd. sd. cn/）与联通山东公司的下属网站——青岛信息港（www. qd. sd. cn）具有相同域名（qd. sd. cn），网站 ak. qd. sd. com 归联通山东公司下属网站——青岛站点所属。

本案是因干扰搜索引擎服务引起的不正当竞争纠纷案。网络服务是近年来兴起的服务方式，对于如何判断网络服务构成不正当竞争，是审判实务中的新问题。要认定网络服务经营者是否采用不正当手段从事市场交易、损害竞争对手，确定网络服务行为的主体、网络服务经营者之间是否存在竞争关系及网络服务经营者所实施的行为是否构成不正当竞争是关键。

1. 网络服务行为主体的确定

网络侵权行为实施主体主要包括个人侵权、网络公司侵权和商业公司侵权三种。本案主要涉及网络公司侵权，由于网络公司的行业特性，其 IP 地址是不可能随时变化的，而且是通过为用户提供网络服务而直接受益、获利。因此，网络行为的主体就可以根据 IP 地址、域名拥有者或经营者、网络行为的受益者进行认定。

本案中，联通青岛公司作为域名 qd. sd. cn 的持有人否认子域名 air. qd. sd. cn 为其所有，但没有提供证据予以证明，应认定联通青岛公司是 air. qd. sd. cn 的经营者。

2. 经营者之间是否存在竞争关系的认定

我国《反不正当竞争法》第二条第三款规定："本法所称的经营者，是指从事商品经营或者营利性服务（以下所称商品包括服务）的法人、其他经济组织和个人。"单从法条的文义上看，并未要求经营者之间具有明确的竞争关系。但该法的其他条款对竞争关系皆有描述，如：第五条"经营者不得采用下列不正当手段从事市场交易，损害竞争对手……"；第十一条第一款"经营者不得以排挤竞争对手为目的，以低于成本的价格销售商品"；第十四条"经营者不得捏造、散布虚伪事实，损害竞争对手的商业信誉、商品声誉"，等等。因此，不正当竞争行为的要件之一是当事人之间存在直接或间接的竞争。但经营者之间是否需要存在同业竞争关系，如何正确理解"竞争关系"问题，是相应法律行为能否适用《反不正当竞争法》的关键。

《反不正当竞争法》是对商标侵权、企业名称侵权、侵犯商业秘密、虚假广告等不正当商业行为的兜底法，是各类侵权行为不能适用专门法时的最后保护屏障，其保护力度应该为概括适用，审判实践中对竞争关系的掌握应当非常宽泛，特别是对潜在竞争关系的认定甚至更为宽泛，建立旨在保护经营者、消费者和一般大众的制止不公平竞争的综合制度。因此，确定市场主体之间竞争关系的存在，不以二者属同一行业或服务类别为限，如果二者在市场竞争中存在一定联系或者一方的行为不正当地妨碍了另一方的正当经营活动并损害其合法权益，则应肯定二者之间存在竞争关系。

本案中，虽然联通青岛公司与百度公司主营业务服务类别上不完全相同，但联通青岛公司实施的在百度搜索结果出现之前弹出广告的商业行为与百度公司的付费搜索模式存在竞争关系。

3. 不正当竞争行为的认定

《反不正当竞争法》第二章对于不正当竞争行为进行了列举

式规定，凡《反不正当竞争法》已在特别规定中作穷尽性保护的行为，一般不再根据第二条规定扩张其保护范围，防止因不适当扩大不正当竞争范围而妨碍自由、公平竞争。但《反不正当竞争法》颁布实施十多年来，社会主义市场经济体制逐步走向成熟，新的社会现象和技术层出不穷，在不正当竞争的控制与反控制方面有了新的发展，呈现出一些新特点，而现行法律未明确禁止的不正当竞争行为的出现严重侵蚀了社会主义市场经济运行机制和市场主体的利益。因此，对于那些没有在具体条文中规定，但是当事人认为构成不正当竞争的行为，人民法院直接适用《反不正当竞争法》第二条原则性规定予以判断和规范，科学界定自由、公平竞争与不正当竞争的关系，按照公认的商业标准和普遍认识，认定构成不正当竞争是非常必要的。

本案中，联通青岛公司利用百度网站搜索引擎在我国互联网用户中的市场知名度，利用技术手段，在百度搜索结果出现之前强行弹出其投放的与搜索的关键词及内容有紧密关系的广告页面，诱使本可能通过百度公司搜索结果检索相应信息的网络用户点击该广告页面，影响了百度公司按照自己意志向网络用户提供付费搜索服务与推广服务，也会导致百度网站上的付费搜索客户流失，属于利用百度公司的市场知名度来为自己牟利的行为。这种行为破坏了百度公司的商业运作模式，损害了百度公司的经济利益，还会导致上网用户误以为弹出的广告页面系百度公司所为，使上网用户对百度公司所提供服务的评价降低，对百度公司的商业信誉产生一定的不利影响，同时也违背了诚实信用、公平交易的市场行为准则和公认的商业道德。故应适用《反不正当竞争法》第二条原则性规定予以制止。

第四章　垄　断

第一节　垄断概念的界定

一、学理

"垄断"一词源于希腊语，意指"唯一卖主"。而在汉语中，据《辞海》注释，"垄断"有两个含义。其一，垄断也写作"陇断"或"龙断"，指高而不相连属的土墩子。如《列子·汤问》中说："自此冀之南，汉之阴，天陇断焉"；其二，从经济意义上说，垄断意味着人们在商品的交换、买卖等商事、贸易活动中的独占活动或寡头寡占统治。① 垄断虽然是一个经济学的概念，并被法学引用，但经济学与竞争法学对垄断的理解却存在着较大差异。

（一）经济学对垄断的界定

尽管垄断是经济学的核心概念之一，但是人们对它的具体

---

① 王艳林. 竞争法导论［M］. 武汉：中国地质大学，1991：76.

理解和概括却并不一致。经济学家对垄断的理解,也随着整个经济学理论的发展而不断地更新与充实。

1. 古典经济学家对垄断的认识

在古典经济学中,由于对竞争的崇拜而常常忽略对垄断的研究,即使提到垄断,其意义也与现代意义的垄断有很大差异。

古典经济学家认为垄断是非常罕见的。哈罗德·德姆塞茨曾计算过,在《国富论》中,每 90 页只有 1 页用于论述垄断;而在穆勒的《政治经济学原理》中,500 页中仅有 1 页用于此论述。① 需要指出的是,亚当·斯密所说的垄断主要是指国家通过立法或政策措施给予某一阶层或经济组织以长期特权地位的垄断,而不是指私人经济主体在自由竞争中形成的垄断。"给个人或商业公司以垄断权,其作用与商业或制造业中保守秘密相同。垄断者使市场存货经常不足,从而使有效需求永远不能得到充分供给。……同业组合的排他特权,学徒法规及限制特殊职业中竞争人数的各种法规,虽然在程度上不及垄断,但在趋向上却与垄断相同,它们是一种扩大的垄断。"② 在亚当·斯密看来,垄断和市场权力不是自由竞争必然导致的内生现象,它们只是自由竞争这种"正常状态"的偏离;自由竞争原则上排除了形成长期私人垄断的可能性,因为只要保持市场进出自由,暂时

---

① [美]哈罗德·德姆塞茨. 竞争的经济、法律和政治维度 [M]. 上海:上海三联书店,1992:11.

② [英]亚当·斯密. 国民财富的性质和原因的研究(上卷)[M]. 郭大力,王亚南,译. 北京:商务印书馆,1983:56.

形成的私人垄断会由于高额利润吸引更多新的竞争者加入而消除。①

　　亚当·斯密认为，"垄断者使市场存货经常不足，从而使有效需求不能得到充分供给""垄断价格，在各个时期，都是可能得到的最高价格。反之，自然价格或自由竞争价格，虽不是在各个时期，但在长期间内，却是可能有的最低价格"；并指出"独占提高了利润率，但使利润总额不能提高到和没有独占的时候一样"，而且"独占乃是良好的经营的大敌。良好经营，只有靠自由和普遍的竞争，才得到普遍确立。自由和普遍的竞争，势必驱使各人，为了自卫而采用良好的经营方法"。② 可见，在亚当·斯密的自由竞争理论中，自由竞争和垄断是相互排斥、对立的两极。垄断被视为不能容忍的对个人自由的一种限制干预，它阻碍了经济增长，导致产量减少、价格上涨、效率降低及社会福利的损失。

　　所以，这一时期崇尚的是自由竞争与自由放任，对垄断不仅忽视而且持极端排斥的态度。这一观点至少到 19 世纪末仍很风行。

　　2. 马克思主义经济学家对垄断的论述

　　马克思曾指出："一个资本家打倒许多资本家。随着这种集中或少数资本家对多数资本家的剥夺，……随着那些掠夺和垄断这一转化过程的全部利益的资本巨头不断减少，……资本的

---

　　① 陈秀山. 现代竞争理论与竞争政策 [M]. 北京：商务印书馆，1997：22 - 23.

　　② ［英］亚当·斯密. 国民财富的性质和原因的研究（上卷）[M].郭大力，王亚南，译. 北京：商务印书馆，1983：107，56，140.

垄断成了与这种垄断在一起并在这种垄断之下繁盛起来的生产方式的桎梏。①"这里，马克思显然是把垄断同生产和资本的集中联系在一起。而且把垄断看作是现代资本主义最深厚的经济基础和根本经济特征，它必然要引起停滞和腐朽的趋向。

列宁在《帝国主义是资本主义的最高阶段》一书中，针对19世纪末、20世纪初资本主义的新特点，以生产集中和资本集中为出发点，得出了"帝国主义最深厚的经济基础就是垄断"这一重要结论。列宁指出："如果必须给帝国主义下一个尽量简短的定义，那就应当说，帝国主义是资本主义的垄断阶段。②"

而对于垄断的利弊，古典经济学与马克思主义的经济学家都对垄断持完全否定的态度，认为垄断是有害的。

3. 新古典经济学家对垄断的认识

这种情形到新古典经济学家那里发生了变化。马歇尔在《经济学原理》一书中，专门设了一章论述垄断问题。他对现实中出现的垄断给予了承认，并且通过"连续原理"，把垄断纳入自由竞争的市场经济中，认为垄断与竞争是相对应的范畴，但二者之间并没有一条明显的界线，只是有程度上和数量上的差别而已。其原因在于："虽然垄断与竞争在理论上可以完全分开，但是它们实际上以不易察觉的程度相互贯穿、相互渗透着：在几乎一切竞争的企业里，都存在着垄断的因素；而一切现代有实际意义的垄断都是在不稳定的情况下保持它们的权力；如果它们忽视了直接和间接竞争的可能性，它们很快就会失去这

---

① 马克思，恩格斯. 马克思恩格斯选集（第2卷）［M］. 北京：人民出版社，1972：267.

② 列宁. 列宁选集（第2卷）［M］. 北京：人民出版社，1972：817.

个权力。"在谈到垄断价格时，他说，"从表面上看，仿佛垄断产量总是小于竞争产量，它对消费者的价格总是大于竞争价格。但事实却不然"，并且得出了"非垄断产品的供给表所表示的供给价格比我们垄断供给表要高些；因此，在自由竞争下所产生的商品均衡产量小于需求价格等于垄断价格的那一产量"的结论。①

马歇尔的垄断观点反映了他准确的判断力，看到了垄断的现实性与合理性。不过，他对垄断的探索仍然属于初步探索，因而存在着一些不完善甚至矛盾的地方。但是，他的垄断理论在西方经济学中仍然有着十分重大的影响力。20 世纪 30 年代，英国经济学家罗宾逊的《不完全竞争经济学》和美国经济学家张伯伦的《垄断竞争经济学》都是对马歇尔垄断竞争理论的发展。

4. 现代经济学对垄断的重新认识

20 世纪 30 年代以来，西方经济学者经历了对垄断的重新认识和对竞争的重新认识，对竞争的重新认识从某种意义上又促进了对垄断的认识。

以熊彼特为代表，他在《资本主义、社会主义和民主主义》一书中，对当时人们过于强调完全竞争的做法提出了批评。在他看来，创新是一项不确定的活动，除非有足够的实力敢于承担创新风险，否则创新是无吸引力的，而垄断性的大企业恰好为企业家提供了这种风险担保。所以垄断是创新的先决条件。

---

① ［美］马歇尔. 经济学原理（下卷）［M］. 陈良璧，译. 北京：商务印书馆，1965：155，161.

而且，正是对垄断利润的渴望，给创新提供了激励。因此，竞争必然走向垄断。他认为，技术变动本身是竞争的一个要素，因此，竞争并没因引进大企业而被削弱；相反，厂商追求技术变动的努力增进了竞争。[①] 熊彼特这种关于大企业最适合创新以及把垄断当作为资本主义经济中创新与技术增长的发动机的论点被后来的西方学者称为"熊彼特假说"。

继熊彼特之后，许多经济学家多年来都致力于研究市场结构与创新之间的关系，并提出了许多理由来解释为什么研究与开发要由大厂商来承担。这些理由包括：一是风险扩散；二是成本；三是规模经济；四是工艺创新；五是多样化。

与古典经济学相比，现代经济学对垄断已经没有那么痛恨了。不过，现代经济学理论也通常认为，除了极个别部门，任何垄断都不具有合理性。因为垄断会造成很多经济危害。主要有：福利净损（deadweight loss）、X-无效率（X-inefficiency）、寻租（rent-seeking）损失。

但在有限的范围内，部分经济学家认为，垄断具有一定的经济合理性：（1）自然垄断是由产品特性决定的，其内在根据是规模经济原理，故自然垄断有利于经济效益的形成；（2）经济垄断的基础是大企业的形成，而"大企业能够实现技术进步"这一熊彼特的假定是能得到实践证明的；（3）垄断企业本身也具有节约成本的功效。大公司是许多垄断企业的外在组织形式，而新制度经济学派把设立公司、纵向一体化等与市场交易相比

---

① ［美］J. A. 熊彼特. 资本主义、社会主义与民主主义 ［M］. 绛枫，译. 北京：商务印书馆，1979：169.

较，得出公司是节约交易费用的产物，大公司则是提高生产效率和资源配置效率的手段。①

综上所述，经济学家对垄断的认识也是一个不断发展的过程，对垄断的理解由偏激、片面逐渐转化为理性、全面；对垄断的研究也日益重视，不再认为垄断是罕见的现象，认识到了垄断的普遍性和必然性，还看到了垄断弊害之外的经济合理性。

（二）法学对垄断的界定

严格经济学意义上的垄断（monopoly），在竞争法中只是涉及垄断这一项内容。为了与其他垄断相区别，美国、日本、澳大利亚一般将其翻译成独占、独占地位；其在欧盟及其成员国则是指支配地位。可见，竞争法中的垄断虽然与经济学中的垄断有密切的联系，但二者是不能等同的，竞争法中的垄断有着自己的内涵与外延。所以，许多学者都从法学角度先后对垄断进行了界定。

漆多俊认为："垄断即指市场支配地位，是指单个或多个企业或企业联合组织在相关市场上具有控制产品数量、价格和销售等，从而能够削弱甚至消除竞争的能力或状态。②"

王保树认为，经济性垄断"从本质上说，它也是企业、企业集团凭借经济实力，在生产和流通领域里限制和妨碍竞争的行为。③"

---

① 种明钊. 竞争法学［M］. 北京：高等教育出版社，2002：191－194.

② 漆多俊. 经济法基础理论［M］. 3 版. 武汉：武汉大学出版社，2000：292.

③ 王保树. 企业联合与制止垄断［J］. 法学研究，1990（1）：35.

杨紫烜认为:"所谓垄断是指经营者以独占或有组织的联合行动等方式,凭借经济优势或行政权力,操纵或支配市场,限制和排斥竞争的行为。①"

王艳林认为:"垄断是竞争者以单独或联合、协议、协调一致等方式,凭借市场优势或其他行政权力,控制或支配市场,限制和排斥竞争的状态。②"

刘瑞复认为:"垄断的法学或法上的定义,通常是指生产经营者单独或与生产经营者通谋,将其他生产经营者从市场上排挤出去或者使之处于自己的支配之下,使一定交易领域里的竞争受到实质性的限制。③"

徐士英认为:"法律上关于垄断的基本含义是指各国反垄断法律中规定的、垄断主体(市场主体或行政主体)对市场的经济运行过程进行排他性控制或对市场竞争进行实质性的限制、妨碍公平竞争秩序的行为或状态。④"

国家工商行政管理局条法司把垄断界定为:"垄断,主要是指经营者自己或者通过企业兼并等方式,形成对一定市场的独占或控制……限制竞争,主要是指经营者滥用经济优势和几个经营者通过协议等联合方式损害竞争对手的利益。⑤"

---

① 杨紫烜. 经济法 [M]. 北京:北京大学出版社,北京:高等教育出版社,1999:177.

② 王艳林. 竞争法导论 [M]. 武汉:中国地质大学,1991:91.

③ 刘瑞复. 经济法学原理 [M]. 北京:北京大学出版社,2000:307.

④ 徐士英. 竞争法论 [M]. 上海:世界图书出版公司,2000:51.

⑤ 国家工商行政管理局条法司. 现代竞争法的理论与实践 [M]. 北京:法律出版社,1993:17–18.

刘剑文、崔正军认为："垄断是竞争者以单独或联合、协议、协调一致等方式，凭借市场优势或其他行政权力，控制或支配市场，限制和排斥竞争的状态。①"

王先林认为："垄断是指企业或其他组织利用经济的或非经济的手段，在经济活动中对生产和市场实行排他性控制，从而限制、阻碍竞争的状态或行为。它不仅表现为实际控制市场的状态（垄断状态），而且更表现为各种实质性限制竞争的行为（垄断行为）。②"

综观以上各种学说对市场垄断的认定，我们可以发现，各位学者对垄断界定的角度和重点是不尽相同的，具体来说存在以下差异。第一，有学者将垄断表述为一种行为；有学者把垄断看成是经济领域里的一种现象，或者是各种经营状况的总称；而有学者则认为垄断既可以是行为，也可以是状态，它是二者的综合。比较各种观点，把垄断仅仅界定为行为或状态，其含义未免过窄。事实上，竞争法中的垄断不仅仅指一种市场状态，更主要的还是一种行为，所以将垄断表述为二者的综合更加贴切和准确，并且符合市场实际。第二，对于垄断的目的或后果，有人认为垄断的目的是获取高额利润；另外有人认为垄断的目的是控制市场、限制和排斥竞争；还有人则认为垄断的目的是双重的，既为了获取高额利润，也为了控制市场、限制和排斥

① 刘剑文，崔正军. 竞争法要论［M］. 北京：武汉大学出版社，1996：168.

② 王先林. 反垄断法三论——兼论中国反垄断立法中应解决的若干问题［M］. //王晓晔. 反垄断法与市场经济. 北京：法律出版社，1998：61－77.

竞争。可以说这些都是垄断的目的或后果。但从现实看，垄断主体垄断的目的，通常是控制经营环境，避免竞争带来的市场风险，扩大其市场影响，获取稳定、可靠的甚至超常的收益。第三，有一些学者只将垄断作为经济生活中一类独立的经济现象进行研究，只考虑经济因素；而有的学者认为在我国垄断是一个大的概念，包括经济垄断和行政垄断两种形式。着眼于中国经济发展的现实，中国垄断成因是二元的，一些是经济因素，而大部分是行政的干预，而且其表现形式也是复杂多样的。所以中国竞争法中所要规制的垄断不应与西方国家所界定的垄断等同，不能单纯只指经济垄断，还要包括行政垄断。

（三）小结

经济学中的垄断更多地是指一种市场状态，有着双重属性，是一个中性的概念。而竞争法也参照和引用了这一概念。在中国法学会经济法研究会 2003 年的年会上，竞争法学者曾就垄断的属性问题展开讨论。刘大宏认为：垄断中性的概念在经济学中，它是利弊兼有的。而反垄断法的垄断概念应该是厂商以单独或者合谋的方式竞争，违反规模经济的要求，损害公共利益，妨害有效竞争的一些行为或者状态，不能说它是中性的。王艳林认为：法治的精神要求把垄断视为中性的、灰色的，需要启动一定的程序去判断其是否合法。本文认为，法学意义上的垄断概念应是对经济学意义上垄断概念的适当回应，它同样应是一个中性的概念。竞争法既规制破坏了社会经济生活、限制和排斥了竞争的违法性垄断，又对那些由于其本身的固有特性或产业政策规定而有益于公共利益的必要的、合理的、适度的合法性垄断则予以豁免或除外。但我们不能把竞争法中的垄断概念看作是经济学意义上的概念简单照搬，因为二者毕竟是有区别的。

首先，两者定义的角度不同。经济学所定义的垄断是指一种客观市场状态，它主要表现为一种市场结构。而法学所定义的垄断虽然也包括一定的市场状态，但主要是指人们的行为。

其次，两者定义的目的不同。经济学的垄断定义是为了分析一定市场结构的优劣，通过对垄断的深入研究，全面认识其对社会经济带来的利弊，为制定政策、法律提供经济学基础。而法学意义上的垄断是通过概括或列举的方式明确法律调整的范围，以便于司法者在实践中的操作。

由此可见，反垄断法中的垄断概念不可以简单套用经济学意义上的垄断概念，我们应当遵循法学的逻辑对垄断概念做出明确界定。而在此过程中，从比较法角度分析并借鉴发达市场经济国家反垄断立法的相关经验无疑是必要的。

二、各国立法

现代的反垄断法，从 1890 年美国《谢尔曼法》算起，已经走过了百余年的历程。反垄断法已从美国的一枝独秀，发展到今天的枝繁叶茂，势成森林。但纵观各国的反垄断法，很少有关于垄断的一般性定义，而只是根据各自需要解决的主要问题侧重从某个方面或角度对相关的垄断问题加以规定，并且各国因其国情、法律文化和垄断的具体形态等差异而对垄断有着不完全相同的界定方法。

（一）美国

美国对垄断的规定主要体现在《谢尔曼法》的前两条。但对垄断缺乏明确抽象的认定。《谢尔曼法》第一条规定："任何以托拉斯法或共谋或其他形式联合限制州际或对外贸易或商业活动的协议或合并，均被宣告非法。"这一概括性规定是直接针对协议。受反托拉斯法禁止的协议有两类：一是横的控制协议；二是纵的控制协议。由于《谢尔曼法》没有对控制协议加以界定，因此任何限制贸易的协议都被包括在内，以致某些进行联合的有利行为（如充分利用资源）也曾遭到禁止。直到联邦法院在标准石油公司一案中确立"合理原则"的效用，才在某种程度上缓和了《谢尔曼法》的严格规定，即限制贸易的协议只有在构成了不合理限制贸易的情况下，才算违法。《谢尔曼法》第二条规定："任何从事垄断，企图进行垄断或与他人联合或共谋垄断的行为均属违法。"构成这种违法须具备两个条件：握有垄断权利和蓄意获得或继续维持这种权利。对于垄断权利，《谢尔曼法》未表示任何特定的市场份额，其重要的因素是无须进行竞争就有决定价格的能力和建立壁垒以阻碍打入市场的权力。

《克莱顿法》《联邦贸易委员会法》等一系列反托拉斯立法又进一步补充修改了《谢尔曼法》，使其对垄断的认定有了一个基本清晰的立场，垄断被用来指向州际或国际贸易或商业的任何部分进行垄断、意图垄断或联合，或与他人合议垄断的行为。一般认为，以合并、征收的形式进行垄断的，如果其效果具有削弱竞争的性质，可能会造成垄断的，也即构成垄断罪。其构成需要具备两个要素：对特定的市场拥有垄断力；故意获得或维持这种力量。

（二）德国

德国现在执行的反垄断法规是 1999 年第六次修订的《反对

限制竞争法》。该法第一条规定："企业或企业协会为共同的目的所订的合同以及企业协会的决议，其目的如果是限制竞争，且影响了商品或劳务的生产或市场情况则无效。"该条是针对卡特尔协议的。卡特尔协议是指协议的当事人具有垄断市场的共同目的，可能限制竞争，并且可能影响市场流通的正式或非正式达成的协议。卡特尔协议的认定应具备三个条件：首先，协议当事人有共同目的；其次，协议产生限制竞争的影响或后果；最后，影响市场或可能影响市场。《反对限制竞争法》第二条至第八条则规定了某些卡特尔协议的豁免条件，体现了所谓"合理化的豁免"和"公共利益需要的豁免"原则。

《反对限制竞争法》第二十二条对具有市场支配力量的企业规定了一套总的控制制度。首先，对这种类型的企业作了限定：一种是没有竞争者，或没有实质性竞争者的企业；另一种是相对于其他竞争者居于优越市场地位的企业。其次，规定了衡量企业市场优势地位的标准。再次，规定企业具有市场支配力量或优势地位本身并不违法，只有滥用其控制市场的地位时，才构成垄断行为。

（三）日本

最初日本的反垄断法对垄断的认定同美国、德国有一个明显区别：关于垄断的规制是很严厉的，既禁止垄断行为，也禁止垄断的结构。日本《关于禁止私人垄断和确保公平交易法》第二条第五款对垄断作了明确的解释："关于本法所称的垄断，是指事业者单独地或者与其他事业者结合，或合谋或以其他不论何种方法排除别的事业者的事业活动，违反公共利益，以在一定的贸易范围内实质上抑制竞争。"第七款则更为详细地解释了"垄断的状态"。

日本《关于禁止私人垄断和确保公平交易法》在 1977 年修订前，被看作规制对象的私人垄断只是事业者的行为；1977 年修订时又规定了"垄断状况"，使对垄断的规制由"行为规制"向"结构规制"迈出了一步，对垄断的认定也当然进入了新的阶段。市场经济力的集中本身就是反垄断注意的焦点之一，立法上则对控股公司、大公司的股份所有量及金融公司的股份持有合并、营业转让、干部兼任、垄断状态等可能造成事业支配力过度集中的现象进行规制。

根据《关于禁止私人垄断和确保公平交易法》第二条第七款的规定，我们可以看出垄断行为的构成是：①支配或排除其他事业者的事业活动是行为类型的要件；②一定交易领域内的实质性限制竞争，是表示市场支配力影响市场效果的要件；③违反公共利益是形成违法性成立的要件。根据《关于禁止私人垄断和确保公平交易法》第二条第七款的规定，"垄断状态"则必须具备市场规模、市场结构、市场弊害三个要件。最后，《关于禁止私人垄断和确保公平交易法》规定的适用除外条款也是综合认定垄断的内容之一。

但是日本在 2005 年修订的《禁止私人垄断及确保公平交易法》第二条规定：本法所陈"私人垄断"，是指事业者不论单独地，或与其他事业者相结合，或采取合谋等其他任何方式，排除或者支配其他事业者的事业活动，从而违反公共利益，实质性地限制一定交易领域内竞争的行为。可见日本对垄断的态度发生了一定程度的转变，逐渐地与美国、德国趋于一致，对于垄断的认定仅限于行为。

（四）南斯拉夫

南斯拉夫 1974《反对限制竞争和垄断协议法》（以下简称《反垄断法》）第三条规定："两个或多个联合劳动组织就经营条件达成旨在限制或妨碍自由竞争的协议，而该协议能使两个或多个联合劳动组织对于其他联合劳动组织或消费者处于或者能够处于垄断地位或其他特权地位，这种协议，即是垄断协议。"并且在本条第二款明确了垄断协议"不管是用什么形式签订的，或者只是用协调行动的方式表现出来的，都是垄断协议"。1980 年《关于修改和补充防止不正当竞争和垄断协议法的法令》（以下简称《法令》）第二条则规定在《反垄断法》第三条之后增补三十条，规定形成和利用垄断地位和行为"是指由于经营中的不平等关系，利用优势以违反良好的经营风尚和职业道德的方式，能够得到物质利益或者其他好处的行为"。《反垄断法》第四条则进一步规定："滥用自己的优越条件，在市场上向联合劳动组织提供其垄断或其他特殊地位（自然形成的垄断或合法的垄断），同本法第三条中的垄断协议应负同样的责任。"

南斯拉夫《反垄断法》除规定了垄断协议、垄断行为的一般定义外，还在第九条、第十一条分别列出八项、两项垄断协议的具体表现。《法令》又把第九条八项增加为十一项，在第十二条之后增列五项形成和利用垄断地位的行为。同时，法律还规定了自然形成的垄断和合法的垄断的除外条款，作为综合认定垄断的标准。

（五）中国

中国商务部在 2003 年 10 月底所提出的反垄断法草拟稿中，

第三条规定："垄断是指下列排除或者限制竞争，损害其他经营者或者消费者权益，危害社会公共利益的行为：（一）经营者之间的协议、决定或者其他协调一致的行为；（二）经营者滥用市场支配地位的行为；（三）企业过度集中；（四）政府及其所属部门滥用行政权力的行为。"这采取了定义加列举的界定方法，比较恰当地界定了垄断的内涵与外延，既可以使人们对法律所禁止的垄断行为一目了然，又可以根据其法律上的定义即所谓"一般条款"来囊括和包罗法律未曾列举的垄断行为，从而达到立法的原则性、准确性和具体性的统一。除此之外，还明确规定了对行政垄断的规制。但是，草拟稿只对垄断作了否定的价值判断，不符合实际，而且仅仅将其表述为行为，似乎有欠妥当，应该包括垄断行为和垄断状态。

但是在 2007 年颁布的《中华人民共和国反垄断法》中，却没有了对于垄断的界定，而仅仅在第十三条中规定："禁止具有竞争关系的经营者达成下列垄断协议：（一）固定或者变更商品价格；（二）限制商品的生产数量或者销售数量；（三）分割销售市场或者原材料采购市场；（四）限制购买新技术、新设备或者限制开发新技术、新产品；（五）联合抵制交易；（六）国务院反垄断执法机构认定的其他垄断协议。本法所称垄断协议，是指排除、限制竞争的协议、决定或者其他协同行为。"这依然采用了列举和概括的方式，但只是对于垄断协议的界定，对于垄断这一上位概念却并未提及。

综观以上各国立法中对垄断的认定，可以看出，虽然各国对垄断的认定及反垄断的侧重点各不相同，但现代各国反垄断法所规制的垄断主要着眼于其消极后果，因而要求受到法律禁止或限制的垄断要同时具备危害性和违法性的构成要件。前者是指某种行为或状态导致某一生产或流通领域的竞争受到实质性的限制和损害；后者则指某种行为或状态违反了法律的明文规定。由此也决定了反垄断法并不反对所有的垄断，而有种种适用除外或豁免情况，以利于在某些领域或时期发挥垄断在提高规模经济效益和国际竞争力方面的积极作用。而且，各国反垄断法所规制的垄断可分为垄断状态和垄断行为两个基本方面。

三、垄断的界定与要件

由于各国反垄断法中很少有关于垄断的一般性定义，只是根据各自需要解决的主要问题侧重从某个方面或者角度对相关问题加以规定，并且各国因其具体国情、法律文化和垄断的主要表现等差异而对垄断有着不完全相同甚至完全不同的界定方法，因此很难找到垄断的确切定义。所以，有学者认为垄断的复杂性几乎使定义它变得不可能。实际上，克服困难为垄断硬下定义并非绝对不可能，而属不必要。研究一个范畴，并非必须回答"它是什么？"，而应该回答"什么是它？"垄断即如此。① 这虽然有一定道理，但前文已经说过，范畴是人们对客观世界进行高度概括的思维形式，是反映客观世界最一般、最本质的联系和关系的基本逻辑概念。具有本质性和高度的概括性，一个完整的范畴除了要有明确的外延外，更重要的是还要有其准确的内涵。这样才能形成对客观事物全面而深刻的认识。因此对垄断的界定并非"对理解垄断控制制度无补"，试图为垄断

---

① 曹士兵. 反垄断法研究［M］. 北京：法律出版社，1996：84.

下一个定义来反映其内涵还是有必要的，能够在一定程度上反映研究者对垄断的总体认识。当然，任何定义都只能是相对地反映事物的客观情况，不必也不可能奢望自己的定义绝对精确。所以，为了减少这一些不确定性和困难，我们对垄断的界定采取概括加列举的方式比较可取。

比较各位学者们对垄断的见解，本书认为竞争法中的垄断是指经营者利用经济的或非经济的手段，在经济活动中对生产和市场经营活动实行排他性控制，限制或排除竞争的行为或状态。

基于上述对学理和立法的考察，垄断要领的基本要件共有四项。

第一，垄断形成的二元性。其实，只要拥有在市场中的支配地位，有限制和消除竞争的能力，就可能形成垄断。这种能力，可以是企业和个体经营者通过市场竞争等经济手段来获得。而在我国，很多垄断的形成都不是经由经济手段，更多地是源于行政庇护或受益于行政权力的滥用。所以，在我国，通过这些非经济因素形成的垄断应该成为反垄断法一个重点规制的对象。

第二，主体的多元性。垄断形成的二元性导致了垄断主体的多元性，只要是经济活动的参与者都有可能成为垄断的主体，既包括一般的市场主体，又包括行政垄断的参与者——政府及有关机关。

第三，结果的对立性。一方面，垄断会产生促进技术进步、实现规模经济的积极结果，有时还是维护国家和社会公共利益的必要手段，有其存在的经济合理性；另一方面，垄断可能会在特定市场中影响或控制该市场的价格或其他经营状况，实际地扭曲、限制自由竞争，具有经济危害性。所以，竞争法反对具有经济危害的垄断状态或行为；但对于具有经济合理性的垄断，以及源于重大国家利益和社会公共利益而形成的垄断，竞争法实行适用除外或者豁免。

第四，表现形式多样性，既可以是行为，也可以是状态。事实上，竞争法中的垄断不仅仅指一种市场状态，更主要的还是一种行为，所以将垄断表述为二者的综合更加贴切和准确，并且符合市场实际。

反垄断法规制的具体垄断形式主要有：排除或限制了竞争的垄断状态；滥用市场支配地位的行为；限制性协议、决定或者其他协调一致的行为。这三者是许多国家反垄断法的基本内容。但在我国，由于特殊的历史和经济体制原因，行政垄断问题十分突出。反垄断法除了上述三项主要内容外，行政垄断也应是我国主要的垄断形式之一。

第二节　垄断的基本分类

经济学上的垄断可以进行不同的分类。马克思在资本论中提到三种垄断，即自然力垄断、偶然垄断和人为垄断。其中，自然力垄断是指"某些自然力，诸如可以用作动力的瀑布、肥沃的和位置好的耕地、具有独特性质的土地（如生产制造好葡萄酒的葡萄种植园）、富饶的矿山、盛产鱼类的水域、位置有利的建筑地段等在利用或经营上的垄断"。偶然垄断是指由偶然供求状况造成的垄断。人为垄断是指"资本主义生产方式本身造成的垄断"①。有的学者将经济过程中的垄断分为自然垄断、人为垄断和必然垄断三类。② 也有学者将经济学上的垄断分为以下三种类型：一是由生产技术上的规模导致的"自然垄断"；二是由少数厂商的合谋行为导致的"行为垄断"；三是由政府限制竞争的法令和政策导致的"法定垄断"。③

竞争法中的垄断也存在不同的类型，主要从垄断形成的原因和表现形式这两个方面划分。

一、按垄断成因划分，分为经济垄断、自然垄断和行政垄断

在竞争法中，也一般把垄断按成因分为经济垄断、自然垄断和行政垄断。经济垄断源于滥用经济力的优势，并且其滥用者应是经营者或经营者的联合体。实践表明，经济力的优势并不必然属于某一个经营者或经营者联合体。相反，它可以属于甲经营者，也可以属于乙经营者，甚至属于本来并没有经济优势的若干个经营者组成的联合体。换言之，经济力的优势并非具有永久的独占性。它是在竞争中形成的。问题在于，经济力优势的占有者为了保持自己的优势而采用非竞争的手段，不允许他人再与之进行竞争。经济力优势滥用的根本特征，是以集中的经济力或联合的经济力支配市场，从而使他人成为经济从属者的可能。经济垄断是指在市场竞争中通过各种竞争手段逐

① 马克思. 资本论（3卷）［M］. 北京：人民出版社，1976：219.

② 肖建华. 社会主义经济中的垄断［J］. 中青年经济论坛，1987（6）：47.

③ 张维迎，盛洪. 从电信业看中国的反垄断问题［J］. 改革，1998（2）：26.

步形成的垄断。这些竞争手段既包括效率的提高、产品的区分、广告和专利保护，也包括兼并、垂直整合、合同限制和价格同盟等。经济垄断是各国竞争法规制的主要对象。

自然垄断是由于生产技术上的规模经济而导致单独一个企业能够比多个企业有效地提供某种产品而形成的垄断，比较典型的就是自来水、电力、煤气等行业。自然垄断是经济学中的一个传统概念。早期的自然垄断概念与资源条件的集中有关，主要是指由于资源条件的分布集中而无法竞争或不适宜竞争所形成的垄断。在现代，这种情况引起的垄断已不多见。而传统意义上的自然垄断则与规模经济紧密相连，是指一个企业能以低于两个或者更多企业的成本为整个市场供给一种物品或者劳务，如果相关产量范围存在规模经济，自然垄断就产生了。自20世纪80年代以来，西方经济学对自然垄断的认识发生了重大的变化。1982年，鲍莫尔、潘泽（John Panzar）和威利格（Kobert Willing）用部分可加性重新定义了自然垄断。假设在某个行业中有 X 种不同产品。Y 个生产厂商，其中任何一个企业可以生产任何一种或者多种产品。如果单一企业生产所有各种产品的成本小于多个企业分别生产这些产品的成本之和，该行业的成本就是部分可加的。如果在所有有关的产量上企业的成本都是部分可加的，该行业就是自然垄断的。换言之，即使平均成本上升，只要单一企业生产所有产品的成本小于多个企业分别生产这些产品的成本之和，由单一企业垄断市场的社会成本依然最小，该行业就是自然垄断行业。平均成本下降是自然垄断的充分条件，但不是必要条件。新定义扩大了自然垄断的范围，它不仅包括传统的自然垄断即强自然垄断，还包括所谓的弱自然垄断。各国基本上都把自然垄断作为反垄断法适用的例外。现代法学一般认为：自然垄断是指由于市场的自然条件而产生的垄断，这些经营部门如果进行竞争，则可能导致社会资源的浪费或者市场秩序的混乱。法学上的自然垄断概念不仅涵盖了经济学上自然垄断的内容，还突出了现代竞争法的精髓。这是社会进步的客观反映。

行政垄断是指行政权力衍生出来的市场垄断，政府及其所属部门滥用行政权力所实施的限制竞争行为，主要有行业垄断、地区垄断和其他利用行政权力实施的垄断。"行政垄断"是中国特有的一个概念。"行政垄断"最早出现在 20 世纪的 80 年代，一位经济学者在讨论社会经济现象的时候，使用了"行政垄断"的概念。后来法学界一些学者感觉中国的社会经济现象有别于西方国家的经济垄断，于是借用了行政垄断的概念，将行业壁垒、地区壁垒、政府限制交易或者强制交易、政府专有交易看作是行政垄断。其实在计划经济时代，条块分割不仅具有合法性，而且具有必然性。在市场经济条件下，由于宪政体制不同，各个国家都或多或少地存在着行业壁垒、地区壁垒、政府限制交易的情形。解决这些问题主要依靠完善民主宪政体制，通过建立更加有序、合理的宪政关系，解决不同行业、不同地区乃至不同部门之间的贸易障碍问题。在 20 世纪 50 年代之前，美国各州的商事法律规则并不一致。为了解决这个问题，美国朝野设立了一系列商事法律规则统一机构，通过起草并且向美国各州推行统一的商法典，来消除贸易规则障碍。换句话说，美国联邦国会并不因为各州存在着阻碍贸易发展的不同规则，便用反垄断法（或者反托拉斯法）来代替各个州的商业规则。各州都有权根据联邦宪法的规定制定贸易规则，不能因为各个地方制定不同的贸易规则，便用反垄断法加以制裁。但是，行政垄断甚至比单纯的经济垄断更具危害性，特别是在中国，由于历史和经济体制的原因，行政垄断的问题十分突出，应是中国立法重点规制的对象。

二、按垄断的表现形态划分，分为结构垄断和行为垄断

垄断按表现形态可以分为结构垄断和行为垄断。德国经济法学家费肯杰（Wolfgang Fikentscher）等也认为，市场竞争可能仅仅因为某种市场权力的存在而受到威胁甚至完全消失，也可能因为企业间的合纵连横而被人为地削弱和剥夺，因此防止限制竞争法规范的客体大致二分为"状态"（zustand）和"作为"（Massnahmen）的限制竞争。①

结构垄断相对于竞争结构，属于市场结构范畴。结构垄断是指某一市场中企业数量比较少，企业规模特别大，或者说少数企业在投入或产出中占据了整个市场的绝大部分比重。对垄断状态进行规制就意味着，当一个企业或者少数几个企业在某种商品或服务领域的市场占有率达到或者超过一定比例，使该领域的竞争受到实质限制时，就要被判定为构成垄断，按照反垄断法的规定，这种市场将要进行结构调整——分割垄断企业或者划出部分营业范围，以增加市场竞争主体，恢复有效竞争。值得注意的是，明确对市场状态本身进行直接规制的只有个别

---

① 张世明. 经济法学的经济学基础探讨 [M]. //史际春. 经济法学评论（第一卷）[M]. 北京：中国法制出版社，2000：383.

国家的反垄断法。日本《关于禁止私人垄断和确保公平交易法》被认为是这种典型，属于纯粹结构主义的反垄断立法，但它关于垄断状态的规定迄今尚未真正被运用过，而且最近立法的态度也有所转变。大多数国家的反垄断法则并不认为单纯的垄断状态或者市场支配地位本身违法，而只将对这种垄断状态或者市场支配地位的滥用规定为违法。这实际上已是垄断行为的问题了，只是这种垄断行为需要以一定的垄断状态为前提。有的国家如美国，对垄断状态的态度并非体现在专门法律的明确规定中，而是由法院或者专门机构根据不同时期的经济形势对"垄断化或图谋垄断化"加以认定、处理，因而其态度并非一贯的。如美国法院在 1920 年的"美国诉美国钢铁公司案"和 1945 年"美国诉美国铝业公司案"中就采取了截然不同的态度。前者，法院宣称"法律不会仅因为企业的规模或具有尚未发挥的支配力而宣布该企业违法"；后者，法院在判决中否定了被告做出的"企业具有大规模并非违法"的辩解，指出"没有一个垄断者不知道它自己所进行的是垄断行为"。[①] 但在 1964 年"美国诉格林耐尔公司（Grinnel Corporation）"案中，美国法院又采取了与在 1945 年"美国诉美国铝业公司案"中不同的态度。虽然美国法院在此后的近几十年来一般并不认为企业拥有垄断地位本身违法，并且有放松企业兼并控制的迹象。但是由于美国反垄断法的实施中保留了分割、解散大企业的制裁措施，因此美国反垄断法仍然带有"准结构主义"的色彩，被认为是实际上

① 〔美〕马歇尔·C. 霍华德. 美国反托拉斯与贸易法规［M］. 孙南申，译. 北京：中国社会科学出版社，1991：169 - 170.

执行得最为严厉的反垄断法。尤其是 2000 年上半年美国地区法院关于微软垄断案的判决，说明美国反托拉斯实践因为种种原因在经历了自 20 世纪 80 年代中期以后的一段宽松期后，在世纪之交又在趋向严厉，进入了一个新的阶段，具有转折点的意义。

行为垄断相对于竞争行为，属于市场行为范畴。如企业在市场中的产品开发、定价、渠道安排、促销以及企业的横向、纵向或者混合的扩张行为决策是企业之间共同做出的，并旨在限制竞争，对交易对方安排种种不利的交易条件或索取高额价格的行为。垄断行为则是指具备市场支配地位（垄断地位）的企业滥用其垄断地位的限制竞争行为，或者以谋求获得垄断利益为目的的限制竞争行为。前者主要包括搭售以及附加其他不合理交易条件、差别待遇、掠夺性定价、强制交易、限制转售价格、独家交易等；后者则主要包括订立各种卡特尔协议以及企业兼并、股份保有、董事兼任等。有的学者进一步将垄断行为即限制竞争行为分为结构性行为和非结构性行为，结构性行为又包括利用市场支配地位的行为和利用市场优势地位的行为。① 显然，这里的垄断行为也不完全是垄断者的行为，但它们都统一于对竞争的限制这一共同基础之上。从实际情况来看，垄断行为是各国反垄断法的主要规制对象，在多数国家还是唯一的规制对象。虽然各国反垄断法对垄断状态的态度差异很大，但对于垄断行为的态度则是基本一致的，尽管各自在具体范围、构成要件和宽严程度等方面也各有其特点。

---

① 陈爱斌. 结构与行为——论反垄断法的规制对象 ［M］. //漆多俊. 经济法论丛（第 1 卷）. 北京：中国方正出版社，1999：446.

第四章 垄 断

反垄断法所规制的垄断虽然可以分为垄断状态和垄断行为，但这两者并非截然分开的；相反，关系非常密切，两者常常互为因果。一方面，垄断状态是垄断行为所追求的目标；另一方面，垄断状态形成后又往往导致另一些垄断行为，比如搭售、差别待遇等（属于垄断地位滥用的情形）。因此，两者往往是结合在一起的，在确定某些垄断行为时需要对相关的垄断状态进行确定。例如，在确定市场支配地位滥用行为时首先就要确定其行为主体在特定市场上是否存在某种垄断状态或者市场支配地位，在对企业合并行为进行控制时也需要对合并后的市场垄断状态进行分析。当然，许多垄断行为，尤其是订立各种卡特尔协议的行为，并不一定都发生在具有垄断状态的企业之间，只是在具有垄断状态的企业之间发生的这种行为对竞争的限制更明显。因此，在反垄断法中垄断行为与垄断状态的联系未必是一一对应的，也并非是必然的。

由这两种不同的垄断方式产生了结构主义和行为主义两种不同的垄断控制方式。纵观各国的立法，多数把规制的重点放在垄断行为上，对垄断结构实行严格规制的国家并不多见。

还有的学者从不同角度进行考察并据以对垄断进行更具体的分类。例如，按主体可以分为企业垄断、行会垄断和政府垄断；按性质可以分为经济集中型垄断和行政割据型垄断；按集中程度可以分为完全垄断、双头垄断、双边垄断、寡头垄断和垄断竞争；按组织形式可以分为卡特尔、辛迪加、托拉斯、康采恩以及混合联合公司等。

上述垄断的各种不同类型，除了具有垄断的一些共性外，还有着自己的特点，对经济生活产生的影响也并不完全一致。

所以，竞争法在涉及这些垄断类型时不能一概而论，要仔细考察它们各自的特征及其对经济的实际影响。

第三节　竞争法中垄断范畴分析

一、自然垄断与合法垄断

有的垄断扭曲价值规律，限制和排斥了竞争，妨害市场机制对资源配置的作用，所以法律对其加以反对和禁止。但有些垄断同资源合理配置并不相抵触，或者为了国家和社会利益还正需要某种垄断来对竞争进行某种限制。根据垄断的合理与否，法学界将之分为合法垄断与非法垄断。合法垄断指因不具有社会危害性和可责难性，因而为法律所承认、容忍、保护的垄断行为或状态。① 法律规定对这些垄断予以允许，甚至提倡和扶持。对这些垄断实行适用除外制度或豁免。

通常各国法律予以适用除外的合法垄断包括：①特定行业的合法垄断。对特定行业和部门范围，各国竞争法有不同的规定，但大致包括两种：一种是具有一定自然垄断性质的行业。这些行业布局往往规模大、投资多、利益回收期长，过度竞争会造成资源浪费，比如电力、煤气、自来水、铁路等；另一种是过度竞争和波动会严重影响国家秩序与社会稳定的行业以及某些同国计民生密切相关的行业，如银行业、农林业等。因此，

---

① 丁凤楚. 论合法垄断——反垄断法的适用例外制度研究 [J]. 人大复印资料·经济法学、劳动法学. 2001 (4)：13 – 18.

第四章 垄 断

允许这些垄断存在，或还给予政策扶持。②特定主体的活动，如工会组织为争取会员而采取的同意行动、消费者为维护消费者利益而采取的协调行动等。③某些特定行为，如某些卡特尔行为、中小企业的联合行为等。④某些权利的垄断，如知识产权。这取决于知识产权本身所具有的独占性、排他性等特性。[①]此外，还有一种特殊情况就是特定时期和特定情况下的合法垄断。对这种情况，有的国家是在其反垄断法中明确规定，如经济不景气时期、发生严重自然灾害的情形等。有的不一定在反垄断法中规定，而是由各国政府确定，如战争时期等。

虽然这些垄断在反垄断法上属于适用除外，但也要受到一定的限制。比如，在特定行业中具有自然垄断性质的行业，虽然允许自然垄断的存在，但国家在服务价格和服务费用上对它们的经营者有严格的规定。而银行业也不能侵害消费者的利益，不得像自然垄断行业那样形成市场进入壁垒。农业活动也不得损害消费者的利益。对特定行为的适用除外需要一定的申报、批准程序，因为这些特定行为本质上是违反法律的行为，需要寻求个别或集体的豁免，它们不属于绝对的适用除外。

自然垄断只是合法垄断的一种形式，属于特定行业的合法垄断。自然垄断是由于存在资源稀缺性、规模经济效益、范围经济效益而导致单独一个企业能够比多个企业有效地提供某种产品而形成的垄断。[②] 一般认为自然垄断具有垄断性、公益性和

① 漆多俊. 经济法基础理论［M］. 3版. 武汉：武汉大学出版社，2000：297.

② ［日］植草益. 微观规制经济学［M］. 朱绍文，等译. 北京：中国发展出版社，1992：41.

不可选择性。自然垄断行业比较典型的代表就是自来水、电力、电信、煤气等行业。这些行业的设施布局规模大、投资额大、利益回收周期长，在已有企业进入营运之后，其他经营者往往不愿再投资搞重复建设，因此该先设立的企业取得了垄断和支配地位。这些行业如果允许自由竞争，一则会造成各种经济资源的浪费，同时实际上也不可能出现这种情况。所以各国基本上都把自然垄断作为反垄断法适用的例外。

但是我国目前的垄断现状，除了行政垄断外，自然垄断的问题也很严重。现在人们意见很大的垄断现象很多都是发生在自然垄断行业中，或与自然垄断有关。这主要是因为以下两点。第一，我国的自然垄断具有多重性。自然垄断企业经营着供水、供电、邮政通信等行业，是市场的参与者，基本上以公司的形式出现，但是同时它们又在各自行业中行使着管理职能，属于行政主体。由于这种双重身份，企业会利用或者说是滥用手中正当或不正当的行政权力及其市场地位，采取设置行业壁垒、索取不合理价格等手段来限制、消除竞争。这就使得我国的自然垄断与行政垄断、经济垄断紧密结合，难以绝对分开。第二，自然垄断行业的垄断性也正在改变。自然垄断行业的垄断性在于该行业产生时的经济、技术等条件下的不可竞争性。但随着科技的发展，某些自然垄断行业的自然垄断性已消失或部分消失，如电信业。其他如电力行业，就目前来看，电力输送和分配仍是自然垄断的，但是这种垄断不久会像发电一样不再具有垄断性。

这种现状与新的变化迫切需要我们用新的眼光去看待和分析我国的自然垄断问题。首先，要加强对自然垄断行业的规范，对居于自然垄断地位的企业，国家应进行必要的监督（如价格监督等），对其滥用垄断地位而实施的限制性行为，如不当定价、拒绝交易、附条件交易和各种歧视等，亦应坚决禁止。其次，要开放已不具备自然垄断性的行业，引入竞争，放开经营，这也是各国对待自然垄断的趋势。

二、行政垄断与国家垄断

垄断构成的基本因素，既可以是市场经济因素，也可以是行政权力因素。后者我们称其为行政垄断。对于行政垄断的概念，学术界目前虽仍有不同看法，但已基本趋于一致。"行政垄断是指凭借政府行政机关或其授权单位所拥有的行政权力，滥施行政行为，而使某些企业得以实现垄断和限制竞争的一种状态和行为。"[①] 行政垄断表现形式多种多样，主要有行业垄断、地区垄断和其他利用行政权力实施的垄断。行业垄断和地区垄断为行政垄断的一般形态，多以行政指令的形式出现，且具有连续性和普遍性；其他利用行政权力实施的垄断，多是行政权力导致的腐败行为表现，具有偶发性和隐蔽性。

行政垄断有着多方面的危害后果，甚至超过单纯的经济垄断，并且它往往同经济垄断融为一体。从对经济的危害看，它不仅凭借行政强制力形成条块分割，壁垒森严，妨害全国统一市场的发育，从而严重限制竞争，使市场机制无法发挥有效的作用，而且还限制或剥夺了其他经营者的经营自由，并最终损

---

① 漆多俊. 经济法基础理论（3 版）[M]，武汉：武汉大学出版社，2000：296.

害消费者权益。从对政治和社会的影响看，它是行政权力对经济的不合理干预，妨害了国家经济体制和政治体制改革，并助长社会不公平、腐败和违法现象。① 行政垄断在西方国家虽然也有所表现，但远不如中国（其他社会主义国家亦同）这么突出和严重。因为在中国有着行政干预经济的传统，政经不分、政企不分现象十分严重。而且中国对行政权的制约机制不健全，经济管理上条块分割。加上中国正处在新旧体制的大变革时期，改革使得利益重新调整、冲突和磨合，在种种利益的驱动下，各行各业的行政垄断普遍存在，因而造成了目前行政性垄断肆虐的现状。由于这些历史和体制方面的因素，行政垄断将会长期持续存在于具有行政权力偏好而非市场偏好的中国经济运行中。所以，行政垄断应该是反垄断法规制的主要对象之一，中国的反垄断法更应该以此为重点和特色。我国在改革开放不久就提出要反对地区封锁和部门垄断，在 1993 年的《中华人民共和国反不正当竞争法》中亦对其有所规定，但此规定最终因缺乏可操作性，而不能发挥反行政性垄断的作用，导致反行政性垄断无法可依。

行政垄断与经济垄断不同，前者主要是一种政府行为，是只有凭借政府行政权力才能形成的垄断，没有政府行政权力介入的垄断就不能称其为行政垄断。这一特性从根本上揭示了行政垄断与经济垄断的区别和联系。经济垄断不是凭借行政权力而是凭借经济实力形成的垄断。

---

① 漆多俊. 反垄断立法问题研究 [J]. 法学评论，1997（1）：54 – 58.

与行政垄断要严格区分的一种垄断形态是国家垄断。"所谓国家垄断,即国家直接垄断,是指法律不仅规定允许垄断和限制竞争,而且还规定由国家直接投资经营,并在一定程度上排除非国家资本的进入。"① 它是国家在一定的经济体制下对经济发展过程采取的宏观控制和微观调节。国家垄断是基于国家政策实行的,并往往以国家权力机关制定的法律作为依据,它是一种合法行为。世界各国都不同程度地存在着国家垄断,并受法律保护。在中国和其他社会主义国家,由于计划经济的传统影响,国家垄断尤其普遍。

国家垄断不同于行政性垄断。首先,国家垄断一般是和国家在一定时期的经济政策导向密切相关的,是国家对经济运行的一种干预和保护。在不同的时期,国家垄断的内容和评价标准是不同的。比如我国大一统的国家垄断,在社会主义革命和建设初期,曾对巩固人民政权、发展社会经济、保证社会安定和经济稳定起了一定的积极作用。现在世界各国也都允许保护一定的国家垄断,通过立法赋予其合法性,只是没有法律依据的国家垄断才被指控违法,予以禁止。而行政垄断和国家的经济政策无关,是基于狭隘的"地方保护主义"和"行业保护主义"而产生的破坏国家统一市场的违法现象,是阻碍经济发展的消极因素,为法律所禁止。其次,国家垄断是通过运用国家行政权力来实现的,具有国家意志性,其宗旨是维护国家利益和社会公共利益。而行政性垄断则是通过运用地方政府机关的

---

① 漆多俊. 经济法基础理论 [M]. 3 版. 武汉:武汉大学出版社,2000:297.

行政权力来实现的，不具有国家意志性，其目的是维护地区的或行业部门的局部利益，其结果是破坏了全国统一的大市场。因此，国家垄断和行政垄断具有不同的成因和构成，不能把国家垄断作为行政垄断来讨论。

出于政治和社会安定、国防安全等考虑，一定的国家垄断是必需的。但也应当对其适当加以控制。首先，国家垄断的行业和产品不宜过多，通常应限于重要的国防工业、需要保密的高科技行业和产品、需要禁止或限制在社会上流通的产品以及其他同国计民生关系重大的行业和产品等。这些行业和产品可以实行国家垄断或国家专营、专卖。其次，还要根据不同的时期、不同的情况加以调整。例如，有些行业和产品原来需要实行国家垄断，后来则可以适当放开，允许非国家资本进入，引入一定的竞争。国家垄断的政策应同关于国家投资经营的政策基本一致的。

三、结构垄断与行为垄断

垄断因其表现形态的不同可划分为结构垄断和行为垄断。在反垄断立法上也因规制重心的不同而形成结构主义和行为主义两种不同的控制方式。一般而言，对于市场优势主体滥用其优势地位的垄断行为，为各国反垄断法所共同禁止。但对垄断结构是否应被规制，尚有不同看法。纵观各国的反垄断立法，发现大多数国家都采用规制垄断行为的立法模式。对垄断结构予以规制的则以美国和日本为代表。

1890 年，美国国会通过了《谢尔曼法》，它是结构主义反垄断法的先驱。不过它还具有行为主义倾向，以"垄断化"为其规制对象。美国的《谢尔曼法》是基于当时声势浩大的反铁路垄断的农会运动和社会强烈要求制止经济支配力量滥用的背景下制定的,因而坚决反对经济过度集中。于是在20世纪初的某些案例,如美孚石油案中,采用了结构主义的救济措施,将美孚石油公司予以分解。20世纪50—70年代,由于哈佛学派的兴起,其市场结构理论使得美国对垄断的界定主要以"结构主义分析方法"为导向,对垄断认定采用了市场份额标准。但是自80年代以来,由于芝加哥学派在政府中地位的确立,受其市场行为理论影响,美国的反垄断政策日趋温和。1982年、1984年、1992年美国司法部颁布的企业合并指南,不再强调结构分析,放松了经济效益作为豁免理由的尺度,转而注重经济效益、竞争条件等多种因素,主要规制滥用优势地位的垄断行为。纵观美国垄断化规制的发展过程,可以得出这样一个结论:美国对"垄断化"的解释实际上徘徊在结构主义和行为主义之间,并随着竞争政策和理论的变化而左右摇摆。①

日本的《禁止垄断法》是"二战"以后,在美国的主导下,日承美制,在反对封建财阀、排除经济力量过度集中的背景下产生的,采用了比美国更为严厉的结构主义分析方法,规定了"垄断状态"为其规制对象。但是自80年代以来,日本尚无一例关于垄断状态的诉讼。因此,1997年,日本执政的三党决定修改《禁止垄断法》,将规制重点置于垄断行为之上。

欧洲各国的反垄断法普遍采用行为主义垄断控制制度,如

---

① 马思涛. 反垄断法如何控制市场支配地位 [M]. //漆多俊. 经济法论丛(第4卷). 北京:中国方正出版社,1999:17-49.

德国法、法国法、欧共体法，等等。行为主义垄断控制制度的特点是，不以谴责垄断这种状态为目的，而以谴责凭借这种状态行使不公正行为为内容，即市场支配地位与滥用两者皆非法律谴责的对象，而只有两者合二为一时，法律才予以干涉。也就是说，对于市场支配地位本身，反垄断法并不禁止，法律禁止的是企业滥用市场支配地位的行为。

学者中对于结构主义和行为主义这两种不同的垄断控制制度也存在着不同见解。有的学者认为，结构主义的反垄断法不适合中国，中国立法应采用行为主义。其主要理由可归结为：①构成结构主义反垄断基础的经济竞争理论和实践已发生了重大变化，而且已不适合今日中国之走势；②结构主义立法阻碍和制约了中国规模经济的发展，中国企业的实际状况是多未达到规模经济的要求，缺乏国际竞争力；③真正对竞争造成损失或威胁的是垄断行为而非垄断结构，因此对垄断结构的规制没有必要；④行为主义垄断控制制度已成为世界反垄断法的发展趋势。① 但有些学者的观点与此并不一致。有的学者主张，反垄断法的规制对象可归结为结构和行为两类，并提出了结构规制和行为规制相互渗透与融合及交叉替代的见解。② 王艳林在他的著作《中国经济法理论问题》一书中，进一步明确指出，中国的反垄断立法的正确思路应该是实行结构主义和行为主义的结

① 邓保同. 结构主义反垄断立法不适用于我国——兼与陈爱斌同志商榷. 钟瑞栋. 行为主义：中国反垄断立法的选择 [M]. //漆多俊. 经济法论丛（第2卷）. 北京：中国方正出版社，1999：307－320，321－328.
② 陈爱斌. 结构与行为——论反垄断法规制对象 [M]. //漆多俊. 经济法论丛（第1卷）. 北京：中国方正出版社，1999：444－488.

合，其主要理由如下。①从反垄断法的历史发展来看，不同的历史时期反垄断法有不同的规制重点，不能以特定时期的现象来决定整个反垄断立法。而且结构主义并没有趋向没落，反而呈现出趋于扩张的势头。②结构主义与规模经济并不矛盾。在现实经济中的结构垄断也会有规模不经济的情况，且缺乏市场竞争力。③从经济安全的角度来看，中国反垄断法亦不应放弃结构主义。特别是中国加入 WTO 后，国内市场与国外市场融合为一体，要防止国外大型企业垄断或图谋垄断国内一些产业。④反垄断法中实行结构主义和行为主义的结合，具有长远的发展战略意义。不仅可以使立法更加全面和稳定，还有利于反垄断政策在现实经济生活中的灵活执行。①

　　相比较而言，前一种观点太过偏激与片面，后一种观点全面考虑了客观经济的现状与发展，具有远见，所以更为可取。一方面，由于中国开始市场化进程不久，我国企业的平均规模较小，但是各个市场的企业规模是不平衡的，比如在能源、冶金、石油加工、化学和机械加工行业等对国民经济发展影响较大的和资金密集型的基础产业中，市场已经达到了相当高的集中度；另一方面，中国在国内市场和竞争机制还未完全成熟的情况下加入了 WTO，国内企业将要面对来自国际大型垄断企业的竞争。所以鉴于中国的经济现状与未来的发展，中国的垄断控制制度在以行为主义为重点的同时，也不应放弃结构主义。

---

　　①　王艳林. 中国经济法理论问题——探求经济法走向成熟的思考与评论［M］. 北京：中国政法大学出版社，2001：170 – 171.

第四节　典型案例

一、马林克罗特公司诉麦迪帕特公司（Mallinckrodt, Inc. v. Medipart, Inc）案①

本案争议的是一种获得专利的装置能够以气雾形式向病人的肺部释放放射性或者治疗性物质以诊断或者治疗肺部疾病的仪器。释放放射性物质主要是用于检查肺部器官时的图像扫描。而对于遭受各种肺部疾病的病人来说，治疗性药物就能通过这种设备进入人体。

马林克罗特公司是这种装置的制造商，并且将它出售给各家医院。马林克罗特公司是将这种装置和放射性物质或者所处方的药物雾化的"雾化器"、引导氧气或者空气以及气化物质的"多重器"、过滤器、导管、口腔导流器和鼻腔夹组合在一起作为一整套设备出售的。在使用时，医务人员须将放射性物质或者药物放到"雾化器"里，使其雾化。患者则是通过一个密闭系统呼气和吸气。这种装置能在患者呼吸时将任何放射性或者有毒物质锁定，不会泄漏。马林克罗特公司还提供一个铅质外皮的容器把接触放射物的机会降到最低，并且能安全地处置使用后的物质。

该装置标注了合格的专利号码，带有"马林克罗特公司"

---

① 沈四宝，刘彤．美国反垄断法原理与典型案例研究［M］．北京：法律出版社，2006：315－316.

和 Ultra Vent 商标和"仅限使用一次"（Single Use Only）字样。附随每一套设备的说明文件都标有"仅限一位患者使用"（For Single Patient Use Only）字样，并且都说明整套被污染的设备应当根据生物危险品处理程序处理。医院在适当处理之前，应当用防治辐射泄漏容器封存使用过的装置。本诉讼正是因为一些医院没有处理 Ultra Vent 牌设备或者没有将该装置限于一次性使用而引发的。

相反，这些医院把使用过的"多重器"或"雾化器"系统运到麦迪帕公司，再由麦迪帕公司重新组装运到（Radiation Sterilizers）。辐射灭菌器公司用至少 250 万个 γ 射线单位处理这些装置，然后将其运回麦迪帕公司。麦迪帕公司的员工检查过每一个组装件有无损害和泄漏之后，将这些组装件连同新的过滤器、导管、口腔导流器和鼻腔夹装入塑料袋。麦迪帕公司将这些被称之为"重新调适"的设备运回到原来的各家医院。辐射灭菌器公司和麦迪帕公司都没有检测这些经过"重新调适"的装置的剩余生物的活动性或者放射性。这些组装装置仍然有"仅限使用一次"（Single Use Only）字样和马林克罗特公司和 Ultra Vent 商标。

马林克罗特公司对麦迪帕公司提起了诉讼，诉称专利侵权和诱使专利侵权。同时，马林克罗特公司提出了商标侵权之诉；根据兰汉姆商标法案（Lanham Trademark Act）第 43（a）款的不公平竞争；违反伊利诺伊州不公平竞争制定法等其他诉因。双方当事人都提出了对所有诉因的简易判决动议。

地区法院同意麦迪帕公司关于专利侵权诉因的动议，判定"仅限使用一次"限制不能通过专利侵权之诉得以强制执行。法院同时认定麦迪帕公司的行为是对获得专利的装置的可准许的修理，而不是不可准许的复制（reconstruction）。地区法院驳回了马林克罗特公司的商标侵权和不公平竞争的简易审理动议，而对其按照普通程序审理，并且根据 Fed. R. Civ. P. 54（b）对专利纠纷做出了判决。

地区法院还签发禁令，禁止马林克罗特公司在诉讼期间向医院客户发送一个新的声明。该新声明强调"仅使用一次"的限制，并且指出本限制的目的在于保护医院及其患者免受重新调适所可能带来的副作用，如感染传染病、明显的不稳定性以及/或者诊断能力的下降等。新声明另外表明 Ultra Vent 牌装置是受专利保护的产品，而医院只是根据这些专利获得许可一次性使用这种装置的权利。因此，该声明指出对这种装置的重复使用将会被认为是侵犯专利权。

本案是专利权人对重复使用的限制引起的争议。双方争议的第一焦点是，"仅限一次使用"是不是专利权授权范围之内的限制，从而应当得到反垄断法的豁免。地区法院认识到了这类限制同固定价格和搭售行为不同，但是却忽视了专利权的在专利法律下的合理限制权利，认为公共政策不允许专利权人在销售行为中施加条件。这实质上是使用了平衡法上的专利权滥用原则（doctrine of patent misuse）的结果。这样的法律推理被上诉审法院推翻。

上诉审法官从专利权的性质、权属出发，同意专利权人在不违反公共政策和法律的前提下，可以自由设定限制条款，因为上诉审法官同时也认识到这毕竟是一种合同行为。法官考察了一些案例后得出结论，它的合法性从没有被质疑过。法院还根据最高法院在 General Talking Pictures 一案的论述推论，法院在确定所施加的限制是否可以强制执行时，不需要考虑购买人是直接从专利人处还是从得到许可的制造商那里获得产品。

接着法官认为应当适用合理原则对使用的限制进行评判，看其是不是产生了抑制竞争的效果；若产生了此等效果就要考虑是不是有抗辩理由使其合法化。

二、政府"拉郎配"留后遗症，厦门汽车股东矛盾爆发①

2007 年 9 月 17 日，赖昌星持有的厦门汽车（以下简称厦汽）股份的 7.09% 的股份被拍卖之际，厦汽股东之间的矛盾终于公开爆发。虽然矛盾的焦点集中在厦汽经营班子的换届改选，其实质是股东之间的股权之争。

就在赖昌星持有的厦汽股份被拍卖的同一天，厦汽董事会在《上海证券报》上刊登的《董事会四届一次会议决议公告》称："关于经营班子换届议案，董事长认为目前条件尚不成熟。总经理、副总经理等高管人员继续留任，并按公司章程履行其相应职责。董事会将在三个月内完成经营班子的换届工作。"

对厦汽董事会的这一公告，厦汽另外三位董事林小雄、林韶坚、黄世忠发表声明表示异议。董事兼总经理林小雄称，董事长对总经理的提名不仅是权利，更是法定的职责和义务，董事长无权以所谓的"目前条件尚不成熟"为由，不按既定议题提交董事会审议公司经营人员的聘任议案，妨碍公司新一届经

---

① 喻孟. 政府"拉郎配"留后遗症，厦门汽车股东矛盾爆发 [EB/OL]. （2002 - 07 - 04）［2013 - 10 - 21］. http：//www. southcn. com/finance/financenews/chanye/200207040877. htm.

营班子的如期产生。

董事林韶坚称，厦汽四届一次董事会不对预定的由董事长提名聘任公司总经理和由总经理提名聘任公司副总经理等高级管理人员进行洽商和表决，违反了《上市公司治理准则》，违背厦汽章程。他认为，董事长个人的情绪变化影响到经营班子换届这一重大事项的正常进行，这种一股独大、家长式的作风已造成厦汽公司法人治理结构的扭曲，将给包括国有股份在内的其他股东带来伤害，作出留任副总经理以下高管人员的决议，是对总经理法定权力的践踏。

独立董事黄世忠称，由于代表第一大股东和第二大股东的董事在总经理等高管人员的聘任问题上存在分歧，导致新一届高管人员未能按董事会预定计划进行聘任，这种状况不利于公司的日常经营管理和风险控制。

厦汽股东之间的矛盾，源于福建汽车（以下简称福汽）强行入主并控股厦汽，遭到了厦汽股东的反对。厦汽是福建省唯一上市的汽车企业，自 1993 年上市以来，资产质量一直不错，其属有的厦门两家金龙汽车公司经营业绩不凡，2006 年一跃成为全国客车行业的龙头老大。福建汽车则是福建省直属的汽车企业集团，自 1992 年成立以来业绩乏善可陈，直到 1995 年与台湾裕隆合资成立了东南汽车才有所改观，但立即遇到了资金紧张难题。为了保持其在东南汽车的股权比例，福汽把目光投向了有融资渠道的厦汽。

福汽的这一想法得到了福建省政府的认同。2006 年 6 月 21 日，在福建省政府的主持下，召开了一次有政府主要领导参加的"省汽车工业集团公司现场办公会议"，主题是将福州和厦门两地的整车企业进行联合重组。

于是，在福建省政府的直接干预下，2006 年 9 月 28 日，福汽以每股 3 元、总价款 7727.397 万元人民币的价格，受让厦门市财政局所持有的厦汽 17% 的股份 2575.7990 万股，从而成为厦汽的控股股东。福汽董事长凌玉章成为厦汽的新董事长，原厦汽董事长林小雄成为总经理，而原厦汽副董事长、总经理张银南出局。

厦汽的其他股东之所以反对福汽控股，主要原因是，他们认为此举并不是真正的福厦两地整车企业的联合重组，而是福汽借控股厦汽之机，融通资金用于解决福汽所属东南汽车的资金困难问题，并不是想真正地发展厦门汽车工业。尽管在福建省政府的干预下，福汽实现了控股厦汽的目的，但是由此产生的股东之间的矛盾却愈演愈烈，并最终在厦汽实际经营权的控制上公开暴露出来，直接表现在厦汽经营班子的调整上。

对于厦汽出现的这一问题，业内人士表述出了极大的忧虑。他们认为，上市公司是属于证券市场的，不是属于某一级人民政府。公司内部股权结构的调整只能按照市场经济规律去办，而不应当再次出现计划经济时代的"拉郎配"。政府应当为上市公司提供服务，而不应当过多地干预企业的自主经营行为。

三、波音公司与麦道公司的合并案①

波音公司是美国最大的飞机制造企业，在世界市场上已经

---

① 梅玉兰. 美国反垄断法典型案例：波音兼并麦道案 [EB/OL]. (2010 – 12 – 22) [2013 – 09 – 26] . http：//bjgy. chinacourt. org/article/detail/2010/12/id/879753. shtml.

取得了大概64%的份额，在全球的大型客机生产市场上取得了市场支配地位。麦道公司是美国和世界上最大的军用飞机制造企业，同时也生产大型民用客机。根据欧洲空中客车公司提供的统计资料显示，截至1996年12月，波音公司与麦道公司分别占有世界客机市场份额的64%和6%。1996年12月14日，波音公司与麦道公司签署了一份合并协议，按照该协议，麦道公司成为波音公司的全资子公司，这一合并计划立即在世界范围内引起了轩然大波。

这是美国仅存的两个民用喷气式飞机制造商之间的合并，合并后的波音公司将成为世界上最大的民用及军用飞机制造商，而且是美国市场唯一的供应商，占美国国内市场的份额几乎达100%。在全世界的飞机制造业中，目前唯一可以与美国波音公司进行较量的是欧洲空中客车公司。欧洲空中客车公司在世界大型客机市场上大约占1/3的份额。美国波音公司和麦道公司的合并可以加强波音公司在世界市场的支配地位，同时也会对欧洲空中客车公司在大型客机市场上的竞争地位产生严重的不利影响。因此，对于波音和麦道公司的合并，美国和欧共体委员会持有不同的态度。部分美国民众认为波音公司与麦道公司的合并将导致美国飞机制造业走向垄断的极端。但美国司法部在一份声明中则表示，虽然波音公司与麦道公司的合并将进一步加强波音公司在飞机制造市场中的支配地位，但考虑到如果否决该合并计划不但将导致资源的浪费，危及美国的就业岗位，而且将会严重损害到美国国防的利益。因此，同意并支持波音公司与麦道公司的合并。欧盟委员会则认为波音公司与麦道公司的合并将影响到世界范围内飞机制造业的竞争与发展，因此，对该合并表示强烈反对，并于 1997 年 3 月 7 日依据欧盟合并控制条例做出了禁止该合并计划的决定。

该兼并案在美国和欧洲都引起了广泛的关注，它表明，反垄断在一定程度上已经国际化并和产业政策政治交织在一起。波音公司和麦道公司一开始就将此次交易定位为军用飞机制造业的合并（麦道公司主要生产军用飞机），双方能力互补，少有横向交叉。消息发布时，交易估值为 133 亿美元，预定用每 0.65 股的波音公司股票交换 1 股的麦道公司股票。但当时的美国公众对此持悲观态度，他们普遍认为合并交易要通过反垄断审查比登天还难。

合并交易信息的发布还引发了世界第二大民用飞机制造商（波音在世界航空业排名第一，麦道第三）——欧洲空中客车公司的高度担忧。同为世界航空业的巨头，空中客车公司占世界大型客机市场约 1/3 的份额，是波音公司强有力的竞争对手。但波音与麦道合并后，三足鼎立的局面将被打破，取而代之的将是新波音与空中客车之间的超级较量。新波音将占据近 100% 的美国客机市场，以及全世界客机市场的 2/3 以上。显然，这将对空中客车公司在大型客机市场上的竞争地位产生严重的不利影响。

据《谢尔曼法》《反垄断指南》等规定，进行达到一定规模的兼并必须要通过反垄断审查。在美国，由联邦贸易委员会（FTC）和司法部（DOJ）反垄断处行使该审查职能，而波音兼并麦道案最终交由联邦贸易委员会审查。由于该案涉及波音、麦道两大军备合同方，美国国防部在反垄断审查中亦发挥着重要作用。国防部提示联邦贸易委员会考虑公司最大的顾客——

美国政府。这样，在美国政府的强力推动下，看似不可能通过的反垄断审查顺利通过。而通过的理由正是基于反垄断法保护的是竞争而非竞争者的基本原则。由于民用飞机制造业是全球性寡占垄断行业，即便美国只有波音公司一家民用飞机制造商，也会存在来自欧洲空中客车的强有力的竞争。亦即，波音公司兼并麦道没有消灭竞争，波音公司不可能在开放的美国及世界市场上形成绝对垄断地位，而且，波音与麦道的合并有利于维护美国的航空工业大国地位。再加上波音公司强调合并有利于民用飞机生产线与军用飞机生产线的平衡、强强联合、优势互补等鼓动人心的宣传，亦为反垄断审查的顺利通过增添了不少动力。

可波音要想成功兼并麦道，还必须通过欧洲的反垄断审查。很多人不禁要问，为什么发生在美国境内、没有在欧洲从事生产制造的美国两大飞机制造商之间的合并，却有赖于欧洲的反垄断审查？欧盟委员会（EC）指出，欧盟基于波音公司及麦道公司对欧洲顾客的重大销售水平，尤其是民用喷气式飞机的销售水平而获得了反垄断审查的管辖权，这意味着欧盟可以为交易设置条件甚至阻止合并方案的实施。欧盟委员会的审查程序不同于联邦贸易委员会，而且，欧盟委员会官员一得知两公司要合并的消息就明确表达了他们反对合并的强硬立场。

但正如波音公司的一名发言人所指出的：如果联邦贸易委员会说 YES 而欧盟委员会说 NO，或者它们对波音公司处以罚金的话，这就不再是波音—欧盟委员会之间的争议，它将会上升至美国与欧洲之间的贸易争端。时任美国副总统的戈尔也表示，美国政府将采取其认为合适的任何行动以阻止欧盟妨碍合并。最终，双方达成妥协：除了在专利技术方面对欧盟做出较大让步外，波音公司还承诺不会不当干预供应商与其他民用飞机制造商之间现实或潜在的关系；承诺麦道公司被兼并后的民用飞机质量达到与波音公司相同的水平，并且不利用顾客的支持来谋取新制造民用飞机的销售优势，同时承诺在 10 年内将原麦道公司民用飞机制造部分作为一个独立的法律实体，向欧盟委员会公布年度财务报告；承诺在 2007 年 8 月 1 日前，波音公司不再签订新的民用飞机独占销售许可协议，但有其他民用飞机制造商（指空中客车）签订了此类协议的情况例外。另外，波音公司放弃其与美国航空公司、德尔塔航空公司及大陆航空公司签署的有关独占销售许可协议条款。欧洲方面则正式同意波音公司兼并麦道公司。

1997 年 7 月 25 日，持有 2.1 亿股股份（占麦道总股份75.8%）的股东投票同意波音公司兼并麦道公司。同年 8 月 4日，新的波音公司正式开始运行。至此，轰动一时的波音公司兼并麦道公司案尘埃落定。

合理原则与本身违法原则共同构成了反垄断法的两大违法确认原则，其基本含义是限制竞争行为有合理与不合理之分，在判断某种行为合理与否时要全面考察与限制行为有关的企业所特有的事实，如行为意图、行为方式、行为后果等；只有在企业存在谋求垄断的意图，并同多不属于"工业发展的正常方法"实行了目的，造成了对竞争对手的实质性限制的情况下，其行为才构成违法。该原则在美国最高法院在 1911 年的"美国诉新泽西标准石油公司案"的判决书中首次提出。这一原则规定"解散"垄断公司时，必须采取谨慎的态度，认真权衡利弊得失，尽量减少《谢尔曼法》第一条所包括的直接禁止市场垄断的消极影响。在该案中，美国最高法院认为，《谢尔曼反托拉斯法》第一条仅针对"危害社会公共利益的那些交易实践"。首席大法官爱德华·怀特（Edward D. White）在其代表法院起草的判文中指出："在该项规定中所包含的契约或行为没有明确的定义时……，其结果必然是，该规定必须求助于判决……"。他认为，在制定《谢尔曼法》时，国会的意图是：在确定该法是否适用时由法院使用合理的标准。即，经法院审理，并由其判定合理的限制为合法，不合理的限制为非法。因此，合理规则就是指在判定是否违反反垄断法时，根据具体案情和对市场的影响程度来分析是否具有违法性。"标准石油公司案"涉及的标准石油公司在原油运输、炼油和石油产品市场中占有极高的市场份额。但法院认为，通过合法的途径取得市场支配地位，其本身并不违法，只有在垄断企业滥用了市场支配地位时，才会构成违法。这种立场与美国法院在早期反垄断案件中的立场形成了鲜明的对比。

合理规则要求法院在审理反垄断案件时应考虑下列两大因素：一是良性的目的，二是合同的反竞争后果。如果现在和将来来自协议的促进竞争的好处超过了现在或者将来反竞争的后果，该协议将被认为是合理的贸易限制，因而根据《谢尔曼法》第一条是合法的。如果反竞争的后果超过了其带来的好处，该协议将被认为是不合理的限制贸易而被认为非法。一般而言，使用合理分析规则的合同类型主要有 3 种：①附属限制竞争；②市场完善协议；③联营协议。

第四章 垄 断

与本身违法原则相比，合理原则更具有灵活性，它规定原则上只有"不合理""不适当"的限制竞争行为才属于反垄断法禁止的范围，这就意味着限制竞争并不必然违法，需要综合其他因素判断。例如，被指控的限制行为对竞争所具有的正反两方面的影响、该行业中的竞争结构、被指控企业的市场份额及市场力量、被指控企业限制行为的历史情况及时间长短，等等。考虑其对市场竞争的影响才能判断是否违法。合理原则得到了更多的认同，特别是在企业合并控制中得到了广泛运用。但是合理原则也具有不确定性。因为合理原则所考虑的因素众多，所以造成判断的复杂性，而且对法官的能力也提出了较高的要求，也使企业面对众多的标准不确定性。依合理原则进行彻底调查费用很高，这使得使用合理原则的案子耗时久、原则的操作性差。正因为如此，在我国反垄断法制定过程中，有人担心，合理规则对法官的素质有很高的要求，而我国法官队伍从总体上看并不具备这样的素质，推行合理原则，使法官的裁量权更大，会使司法腐败的现象更为严重。"我们认为，这种担心有一定的道理，但是，某些问题是可以通过不同的制度设计来避免或消除其负面影响的。例如，我们可以对合理原则的适用在程序上进行合理的安排，如通过专家委员会对垄断行为进行成本效益和市场结构影响等方面的分析，以弥补法官专业知识的不足；通过有关管辖权的不同制度安排，使适用合理规则的案件由具有审案能力的法院或审判组织审理。当然，合理规则的运作需要大量的人力、物力投入，而且，在合理原则适用的范围内，法律具有很大的不确定性，如果法律中大量存在这种规定，那么，法律对商业实践的指引作用便很难发挥，甚至会造成市场主体无所适从的现象。因此，尽管我们应当充分体现合理规则，但并不是说，要将所有的行为都纳入合理规则适用的范围。我国反垄断法应当根据各国的共同经验，结合我国的实际情况对合理原则的适用范围做科学的界定。"

但值得指出的是，虽然合理规则产生后，在后续的一系列案件中得到了充分的运用，美国的反垄断立场也随之出现了较为宽容的趋势，至少在司法实践中出现了这样一种迹象。合理规则被普遍运用于垄断状态的违法性认定、企业合并以及诸如独家销售等某些滥用市场支配地位的案件和其他限制竞争的案件中，并有逐步扩展的迹象。但是，这种状况并没有维持多久。在第二次世界大战以后，受经济自由主义和产业组织理论的影响，更受美国市场中过度集中现象愈演愈烈的触动，随着美国政府对待垄断的立场转向严厉，合理规则的适用范围又出现了缩小的迹象。对捆绑销售等一些行为，又转为按本身违法规则处理。但随着"经济全球化"的发展，合理规则的范围又出现了扩大的趋势。如在涉及知识产权领域的反垄断中，美国司法部曾于1975年列举了9类专利许可附加限制的情形属于本身违法，其中包括搭售非专利材料，回授专利改进技术，限制转卖价格、对象和数量，同意不与专利权人竞争、强制一揽子许可、根据产品总销售或总生产额确定专利费，制造方法专利权人坚持不对被许可人用专利方法生产的产品的销售加以限制，被许可人同意不再做进一步的专利许可，不对制造许可证受让人的价格限制等；但现在，对于这些行为已经不再适用本身违法规则，而是根据合理原则来确定其命运。从1998年起诉"微软公司案"的审判程序以及终审判决来看，长期属于本身违法原则适用范围的捆绑销售行为在这次审理中也是按照合理规则来审理的。由此可见，随着"经济全球化"的发展，合理规则的适用范围正逐步扩大。总之，在反垄断法中，本身违法原则简便易行，合理原则公正，两者均有存在的合理性，两者互为补充而不是相互替代，在各国的司法实践中，都是综合适用两个原则。随着经济生活的变动和人们对垄断认识的深化，这两个原则在反垄断法中的地位有所变动。在早期反垄断法的实践中，本身违法原则占据主要地位，现在适用的范围相当狭窄，一般仅限于固定价格和划分市场等高度限制竞争的行为。而合理原则能够更好地适应复杂的经济生活，避免机械执法带来可能对经济活动的消极影响，因此在现代各国的反垄断法中占据主要地位。

第五章　中国竞争立法中基本范畴的确立

第一节　通过立法确认基本范畴是竞争政策的基本选择

基本范畴的界定在许多国家的竞争政策里占据着重要的位置，在立法中对基本范畴进行确认是多数国家的一个立法通例。

在成文法国家和地区，竞争立法通常在开篇的总则中都会对竞争法中的基本范畴进行界定和确认，从而构成整个立法的起点和基础。例如：日本的《关于禁止私人垄断和确保公正交易的法律》在第二条定义中，对"竞争""私人垄断""不正当交易限制""垄断状态""不公正交易方法"等基本的概念进行了详细的界定；韩国在《限制垄断及公平交易法》第二条定义中，对"特定交易领域"也作出了界定；中国台湾地区的"公平交易法"在第四、五、六、七条中，对"竞争""特定市场""独占""结合""联合行为"也有详细的认定；在俄罗斯《关于竞争和在商品市场中限制垄断活动的法律》的第四条定义中，逐一界定了"商品市场""竞争""不公平竞争""支配地位""垄断活动"等基本概念；波兰《反垄断法》在第二条的术语界定中，对"经营者""垄断地位""支配地位"等进行了界定。在许多国际组织的立法中也是如此：联合国《消除或控制限制性商业惯例法律范本》（1984）在第二条定义和适用范围中对"市场实力支配地位"作出了界定；"市场""竞争""市场支配地位"在经合组织的《竞争法的基本框架》中也有清晰的定义；欧共体委员会1997发布的《欧共体竞争法中界定相关市场的通告》第二条精确地界定了相关产品市场和相关地域市场。

在英美法系等判例法国家，对基本范畴的重视也体现在了制定法和判例中。在英国，1973年的《公平交易法》第六条、第七条和第八条规定了垄断情形的定义；而在1998年颁布的《竞争法》中第二条对企业间协议、企业联合组织的决定或一致行动的认定与欧共体条约第八十一条的规定基本相似，既有一般概括条款，也有行为的列举①。在美国，通过一系列判例先后确立了如独占"美国铝公司案"、产品市场"布朗鞋案"、地理市场"格林耐尔公司案"等概念，而且在一些司法指南中也对一些基本概念有清楚的界定。比如，1992年《美国司法部与联邦贸易委员会横向合并指南》对地域市场的认定；1995年《知识产权许可行为的反托拉斯指南》对市场力量的认定。

可见，立法中基本范畴的确立，在各国都受到不同程度的重视。基本范畴界定的准确、清晰是竞争法准确、有效适用的

① Competition Act1998［EB/OL］.［2014 - 10 - 09］. http：//www. legislation. gov. uk/ukpga/1998/41/section/2.

前提和基础。因此，通过立法确认竞争法的基本范畴也就成为
各国竞争政策的基本选择。

第二节　中国竞争立法对基本范畴的态度

我国属于大陆法系国家，在立法中，也有对基本概念进行
界定的传统。比如，我国《刑法》第十三条规定了犯罪的一般
性定义，指出了犯罪的特征；我国《合同法》第二条对合同进
行了界定。

但是，在中国的竞争立法中，最初对基本范畴的界定并没
有得到充分的重视。1993 年颁布的《反不正当竞争法》第二条
第二款，虽然对不正当竞争给出了一个一般性的界定。但学者
对此有不同的看法：有人认为是规定了不正当竞争的定义，而
且持这种观点的人较多；也有人认为这解决了反不正当竞争法
的调整范围；还有人认为只是对不正当竞争的一般描述，它仅
是认识和识别中国法律规定的不正当竞争的中介，它自身并没
有回答什么是不正当竞争。可见，此款的规定存在着一定的模
糊性，从而导致学界产生了不同的理解。

《反不正当竞争法》颁布之后，全国许多省市为了保障社会
主义市场经济的健康发展，维护市场秩序，鼓励和保护公平竞
争，制止不正当竞争行为，保护经营者和消费者的合法权益，
依据《反不正当竞争法》和有关法律、法规的规定，结合各地
的实际情况，制定和颁布了一系列反不正当竞争条例或者《反
不正当竞争法》实施办法和规定。为了更好地适用《反不正当
竞争法》，减少实际操作中的不确定性，很多省、市开始意识到

了准确界定不正当竞争的重要性，对不正当竞争的定义进行了一些补充，如河北、贵州、黑龙江、湖北、上海、天津、厦门、江西、四川、重庆等就指出了不正当竞争对消费者合法利益和公平竞争的妨害性。但是，都没有形成一个明确、统一的认识，而且，同样忽略了竞争法中最基本的范畴——"市场""竞争"和"垄断"。

随着竞争法理论的进化，竞争法实践的要求日益明确，以及竞争立法的进一步发展，在中国的反垄断立法中，基本范畴的界定已逐步受到重视。在国家经贸委、国家工商总局起草的《反垄断法（送审稿）》第一章总则中，就对垄断、特定市场运用列举或概括的方式作出了界定；之后，在商务部提出的《反垄断法（草拟稿）》中也有相应的规定。2007 年颁布的《中华人民共和国反垄断法》第十二条、十三条、十七条也分别对经营者、相关市场、垄断协议市场支配地位等概念作了明确的界定。这些立法的新动向充分反映了中国竞争立法对基本范畴态度的转变，对竞争法基本范畴的立法确立给予了更多的关注。然而，现行的立法对垄断协议和相关市场的界定并不是十分准确和清晰，而且，还遗漏了一些重要的基本范畴，如"市场""竞争""垄断"等。

第三节　中国竞争法基本范畴的立法建议

通过立法，清晰、准确地界定竞争法中的基本范畴，以明确竞争法的目的、调整范围和对象，只有这样才能为竞争法的准确适用和进一步发展提供必要的基础。商务部于 2003 年 10 月在北京举办的反垄断立法研讨会中，有学者就曾提出：反垄断法应该对"竞争"这个概念有所回应，虽然这很困难，但能为以后的法律适用奠定法理学基础；还建议在总则中增加概念的法律解释条款，这有利于把反垄断法置于整个经济生活中加以考虑，从而增强法律的适用性。其他一些专家和学者也认为应该在总则中统一解释概念，因为国际上统一法律的组织倡导的正是这种范式。因此，本书认为在立法中确立竞争法的基本范畴是非常必要的，并建议在总则中对基本范畴作统一的规定。

本书基于上述的分析和理由，以笔者对竞争法基本范畴的研究为基础，对中国竞争法中基本范畴的界定，提出如下试拟稿作为总则章的补充部分，供中国立法机关参考。

第 A 条［市场］

本法所称市场是指经营者进行交易的领域，包括但不限于相关市场。

本法所称相关市场是指经营者就同类产品或替代产品而展开竞争的领域，包括相关产品市场、相关地理市场和相关时间市场。

第 B 条［竞争］

本法所称竞争是指经营者在市场经济活动中为了实现自身利益最大化，而争夺交易机会的活动。

本法所称不正当竞争是指经营者违反竞争法规定，违背自愿、平等、公平、诚实信用原则和公认的商业道德，损害其他经营者和消费者的合法权益，扰乱社会经济秩序的行为。

第 C 条［垄断］

本法所称垄断是指经营者利用经济的或非经济的手段，以单独或联合、协调行动等方式，在经济活动中对生产和市场经营活动实行排他性控制，限制或排除竞争的行为或状态。

法律禁止经营者滥用市场支配地位、实施限制或排除公平竞争的联合和协调行为、禁止政府及其所属部门实施行政垄断。

竞争法主管机关依照本法规定，对自然垄断、法定垄断和企业合并进行规制。

第 D 条　[市场支配地位、联合和协调行为]

市场支配地位是指经营者在相关市场上拥有的一种能够控制产品的质量、价格和销售等方面，进而可以减少甚至消除竞争的力量或地位。

经营者不得实施以下限制或排除公平竞争的联合和协调行为：

（一）联合限定价格或者约定不合理的经营条件；

（二）分割销售市场或者原材料采购市场；

（三）限制商品的生产或者销售数量；

（四）串通投标，抬高标价或者压低标价；

（五）联合抵制交易；

（六）其他限制竞争的行为。

但下列联合行为不属于竞争法禁止之列：

（一）为降低成本，改进品质或者提高效率，而统一商品规格和技术要求或共同研究开发商品的；

（二）为促进生产经营和专业化发展而进行优化组合的；

（三）为适应市场变化，制止销售严重下降，生产明显过剩，采取的共同行为；

（四）为促进进出口，共同参与国际市场竞争的；

（五）中小企业为促进自身发展，增强竞争能力，采取共同行为；

（六）其他有利于社会经济发展和社会公共利益而采取的联合行为。

第 E 条［行政垄断、自然垄断、法定垄断］

行政垄断是指政府及其所属部门滥用行政权力，而使某些经营者得以实现垄断和限制竞争，破坏自由、公平竞争秩序的一种状态和行为。

自然垄断是指在特定行业中，由于单独一个企业能够比多个企业更有效地提供某种产品而形成的垄断。

法定垄断是指具有经济合理性或有利于国家利益、社会公益，因而为法律所承认、容忍、保护的垄断行为或状态。

参考文献

［01］白树强. 全球竞争论——经济全球化下国家竞争理论与政策研究［M］. 北京：中国社会科学出版社，2000.

［02］曹士兵. 反垄断法研究［M］. 北京：法律出版社，1996.

［03］陈秀山. 现代竞争理论与竞争政策［M］. 北京：商务印书馆，1997.

［04］戴奎生. 竞争法研究［M］. 北京：中国大百科全书出版社，1993.

［05］邓保同. 论行政性垄断［J］. 法学评论，1998（4）：62 – 65.

［06］丁凤楚. 论合法垄断——发垄断法的适用例外制度研究［J］. 人大复印资料·经济法学、劳动法学，2001（4）：13 – 18.

［07］冯友兰. 中国哲学史（上、下）［M］. 上海：华东师范大学出版社，2000.

［08］高菲. 美国反托拉斯法及其域外适用问题研究［D］. 武汉：武汉大学法学院，1991.

［09］国家工商行政管理局条法司. 现代竞争法的理论与实践

［M］. 北京：法律出版社，1993.

［10］各国反垄断法汇编编选组. 各国反垄断法汇编［M］. 北京：人民法院出版社，2001.

［11］胡汝银. 竞争与垄断：社会主义微观经济分析［M］. 上海：上海三联书店，1988.

［12］孔祥俊. 反垄断法原理［M］. 北京：中国法制出版社，2001.

［13］孔祥俊. 反不正当竞争法的适用与完善［M］. 北京：法律出版社，1998.

［14］李国光. 知识产权诉讼教程［M］. 北京：人民法院出版社，1999.

［15］刘瑞复. 经济法学原理［M］. 北京：北京大学出版社，2000.

［16］赖源河. 公平交易法新论［M］. 北京：中国政法出版社，台湾：元照出版公司，2002.

［17］刘剑文，崔正军. 竞争法要论［M］. 武汉：武汉大学出版社，1996.

［18］彭漪涟. 概念论——辩证逻辑的概念理论［M］. 北京：学林出版社，1991.

［19］彭漪涟. 逻辑范畴论——马克思主义哲学关于逻辑范畴的理论［M］. 上海：华东师范大学出版社，2000.

［20］漆多俊. 经济法基础理论［M］. 3版. 武汉：武汉大学出版社，2000.

［21］漆多俊. 反垄断立法问题研究［J］. 法学评论，1997（1）：54－58.

[22] 邱本. 自由竞争与秩序调控——经济法的基础建构与原理阐析 [M]. 北京：中国政法大学出版社，2001.

[23] 戚聿东. 中国现代垄断经济研究 [M]. 北京：经济科学出版社，1999.

[24] 戚聿东，郭抒. 关于垄断与竞争关系的再认识 [J]. 学习与探索，1999（2）：31 – 37.

[25] 李昌麒. 经济法——国家干预经济的基本法律形式 [M]. 成都：四川人民出版社，1999.

[26] 阮方民. 欧盟竞争法 [M]. 北京：中国政法大学出版社，1998.

[27] 沈小峰，王德胜. 自然辩证法范畴论 [M]. 北京：北京师范大学出版社，1990.

[28] 孙国华. 马克思主义法理学研究——关于法的概念和本质的原理 [M]. 北京：群众出版社，1996.

[29] 史际春，邓峰. 经济法总论 [M]. 北京：法律出版社，1998.

[30] 单飞跃. 经济法理念与范畴的解析 [M]. 北京：中国检察出版社，2002.

[31] 邵建东. 德国反不正当竞争法研究 [M]. 北京：中国人民大学出版社，2001.

[32] 盛杰民，袁祝杰. 动态竞争观与我国竞争立法的路向 [J]. 中国法学，2002（2）：16 – 27.

[33] 沈敏荣. 法律的不确定性——反垄断法规则分析 [M]. 北京：法律出版社，2001.

[34] 王保树. 企业联合与制止垄断 [J]. 法学研究，1990

（1）：1 – 7.

[35] 王俊豪. 对可竞争市场理论的评论 [J]. 商业经济与管理，2001（4）：19 – 22.

[36] 王源扩，王先林. 经济效率与社会正义——经济法学专题研究 [M]. 合肥：安徽大学出版社，2001.

[37] 文海兴，王艳林. 市场秩序的守护神——公平竞争法研究 [M]. 贵阳：贵州人民出版社，1995.

[38] 王艳林. 中国经济法理论问题——探求经济法走向成熟的思考与评论 [M]. 北京：中国政法大学出版社，2001.

[39] 王艳林. 竞争法导论 [M]. 武汉：中国地质大学，1991.

[40] 王晓晔. 企业合并中的反垄断问题 [M]. 北京：法律出版社，1996.

[41] 王晓晔. 反垄断法与市场经济 [M]. 北京：法律出版社，1998.

[42] 王晓晔. 欧共体竞争法 [M]. 北京：中国法制出版社，2001.

[43] 王晓晔. 竞争法研究 [M]. 北京：中国法制出版社，1999.

[44] 王为农. 企业集中规制基本法理——美国、日本及欧盟的反垄断法比较研究 [M]. 北京：法律出版社，2001.

[45] 汪涛. 竞争演进论——从对抗竞争到合作竞争 [D]. 武汉：武汉大学法学院，2000.

[46] 谢晖. 法学范畴的矛盾辨思 [M]. 济南：山东人民出版社，1999.

[47] 北京大学哲学外国哲学史教研室. 西方哲学原著选读（上

卷）［M］. 北京：商务印书馆，1983.

［48］周辅成. 西方伦理学名著选辑（上卷）［M］. 北京：商务
印书馆，1996.

［49］许光耀. 欧共体竞争法研究［M］. 北京：法律出版
社，2002.

［50］徐孟洲. 市场竞争的法律调整与对策［M］. 北京：中国
政法大学出版社，1993.

［51］徐士英. 竞争法论［M］. 上海：世界图书出版公
司，2000.

［52］徐士英. 市场秩序规制与竞争法基本理论初探［J］. 上海
社会科学院学术季刊，1999（4）：93 – 102.

［53］杨紫烜. 经济法［M］. 北京：北京大学出版社，2006.

［54］姚开建. 市场形式理论：马克思与西方经济学家的比较
［J］. 当代经济研究，2000（11）：52 – 56.

［55］张岱年. 中国哲学史方法论发凡［M］. 北京：中华书
局，2003.

［56］张培刚. 微观经济学的产生和发展［M］. 长沙：湖南人
民出版社，1997.

［57］张群群. 论交易组织及其生成和演变［M］. 北京：中国
人民大学出版社，1999.

［58］张文显. 法哲学范畴研究［M］. 修订版. 北京：中国政
法大学出版社，2001.

［59］张群群. 机制、制度与组织：对市场的不同理论认识和研
究视角的考察［J］. 学习与探索，1997（6）：24 – 32.

［60］朱彤. 可竞争市场理论述评［J］. 教学与研究，2000

（11）：59 – 64.

[61] 张维迎，盛洪. 从电信业看中国的反垄断问题 ［J］. 改革，1998（2）：66 – 75.

[62] 郑秉文. 新自由主义对市场本质的解释 ［J］. 经济文献信息，1992（6）：14 – 18.

[63] 保罗·萨缪尔森，威廉·诺德豪斯. 经济学 ［M］. 16版. 萧琛，译. 北京：华夏出版社，1999.

[64] D. C. 诺斯. 制度、制度变迁与经济绩效 ［M］. 刘守英，译. 上海：上海三联书店，1994.

[65] 德沃金. 法律帝国 ［M］. 李常青，译. 北京：中国大百科全书出版社，1996.

[66] 迪特尔·格罗赛尔. 德意志联邦共和国经济政策及实践 ［M］. 晏小宝，译. 上海：上海翻译出版公司，1992.

[67] 丹宗昭信，厚谷襄儿. 现代经济法入门 ［M］. 北京：群众出版社，1985.

[68] E. 博登海默. 法理学——法哲学及其方法 ［M］. 邓正来，译. 北京：中国政法出版社，1999.

[69] E. 吉尔霍恩，W. E. 科瓦西克. 反垄断法律与经济 ［M］. 4版. 王晓晔，译. 北京：中国人民大学出版社，2001.

[70] E. 曼斯菲尔德. 微观经济学：理论与应用 ［M］. 钱国荣，译. 北京：中国金融出版社，1992.

[71] G. M. 霍奇逊. 现代制度主义经济学宣言 ［M］. 向以斌，译校. 北京：北京大学出版社，1993.

[72] 埃迪逊·桑托斯. 市场营销入门 ［M］. 张宝宇，译. 北京：知识出版社，1987.

［73］古诺. 财富理论的数学原理的研究［M］. 陈尚霖，译. 北京：商务印书馆，1974.

［74］格拉日丹尼科夫. 哲学范畴系统化的方法［M］. 曹一键，译. 北京：中国人民大学出版社，1988.

［75］哈罗德·德姆塞茨. 竞争的经济、法律和政治维度［M］. 陈郁，译. 上海：上海三联书店，1992.

［76］哈特. 法律的概念［M］. 张文显，等译. 北京：中国大百科全书出版社，1996.

［77］黑格尔. 法哲学原理［M］. 张企泰，范扬，译. 北京：商务印书馆，1961.

［78］J. A. 熊彼特. 资本主义、社会主义与民主主义［M］. 绛枫，译. 北京：商务印书馆，1979.

［79］杰文斯. 政治经济学理论［M］. 郭大力，译. 北京：商务印书馆，1984.

［80］乔治·斯蒂格勒. 价格理论［M］. 施仁，译. 北京：北京经济学院出版社，1990.

［81］K. 克拉克森，R. 米勒. 产业组织：理论、证据和公共政策［M］. 华东化工学院经济发展研究所，译. 上海：上海三联书店，1989.

［82］康德. 纯粹理性批判［M］. 韦卓民，译. 武汉：华中师范大学出版社，1991.

［83］康芒斯. 制度经济学（上）［M］. 于树生，译. 北京：商务印书馆，1994.

［84］理查德·黑斯. 市场营销原理与决策［M］. 韩佩璋，译. 北京：机械工业出版社，1983.

[85] 理查德·A·波斯纳. 反托拉斯法 [M]. 2 版. 孙秋宁，译. 北京：中国政法大学出版社，2003.

[86] 理查德·斯维德伯格. 作为一种社会结构的市场 [J]. 吴苡婷，译. 人大复印资料·社会学，2003（5）：42 - 49.

[87] 里斯本小组. 竞争的极限 [M]. 张世鹏，译. 北京：中央编译出版社，2000.

[88] 罗素. 西方哲学史（上、下卷）[M]. 何兆武，李约瑟，译. 北京：商务印书馆，1963.

[89] 罗纳德·哈里·科斯. 论生产的制度结构 [M]. 盛洪，陈郁，译校. 上海：上海三联书店，1994.

[90] 路易斯·普特曼，兰德尔·克罗茨纳. 企业的经济性质 [M]. 解经伟，译. 上海：上海财经大学出版社，2000.

[91] 列宁. 列宁全集（第 21、38 卷）[M]. 中共中央马克思恩格斯列宁斯大林著作编译局，编译. 北京：人民出版社，1963.

[92] 列宁. 哲学笔记 [M]. 中共中央马克思恩格斯列宁斯大林著作编译局，编译. 北京：人民出版社，1974.

[93] 栗本慎一郎. 经济人类学 [M]. 王名，等译. 北京：商务印书馆，1997.

[94] 金泽良雄. 当代经济法 [M]. 满达人，译. 沈阳：辽宁人民出版社，1988.

[95] 马克思，恩格斯. 马克思恩格斯全集（第 1、23、25、49 卷）[M]. 北京：人民出版社，1965.

[96] 马歇尔. 经济学原理（下卷）[M]. 陈良璧，译. 北京：商务印书馆，1965.

［97］马歇尔·C. 霍华德. 美国的反托拉斯法与贸易法规 ［M］. 孙南申，译. 北京：中国社会科学出版社，1991.

［98］曼昆. 经济学原理（上）［M］. 2 版. 梁小民，译. 北京：生活·读书·新知三联书店，北京大学出版社，2001.

［99］孟德斯鸠. 论法的精神（上、下）［M］. 孙立坚，译. 陕西人民出版社，2001.

［100］奥利弗·E. 威廉姆森. 反托拉斯经济学——兼并、协约和策略行为［M］. 张群群，黄涛，译. 北京：经济科学出版社，1999.

［101］斯蒂格利茨. 经济学（上）［M］. 2 版. 梁小民，黄险峰，译. 北京：中国人民大学出版社，2000.

［102］斯坦利·费希尔等. 经济学（上）［M］. 宋炳良，译. 北京：中国财政经济出版社，1989.

［103］亚里士多德. 亚里士多德全集（第 1 卷）［M］. 苗力田，等编译. 北京：中国人民大学出版社，1990.

［104］约翰·伊特韦尔，默里·米尔盖特，彼得·纽曼. 新帕尔格雷夫经济学大辞典［M］. 陈岱孙，等译. 北京：经济科学出版社，1992.

［105］约翰·希克斯. 经济史理论［M］. 厉以平，译. 北京：商务印书馆，1987.

［106］亚当·斯密. 国民财富的性质和原因的研究［M］. 郭大力，王亚南，译. 北京：商务印书馆，1983.

［107］植草益. 微观规制经济学［M］. 朱绍文，译. 北京：中国发展出版社，1992.

[108] 张伯伦. 垄断竞争理论 [M]. 郭家麟, 译. 北京: 生活·读书·新知三联书店, 1958.

[109] Herbert Hovenkamp. Post-Chicago antitrust: a review and critique [J]. Columbia Business Law Review. 2001, 2: 257 – 335.

[110] D. J. Gerber. Re-imaginning the story of European competition law [J]. Oxford Journal of legal studies. 2000, 1: 155 – 166.

[111] Thomas A., Piraino. JR. Identifying Monopolists' Illegal Conduct Under The Sherman Act [J]. New York University Law Review. 2000, 10: 75 – 98.